「学び」の質を保証する
アクティブラーニング

―3年間の全国大学調査から―

河合塾 編著

東信堂

はじめに

　本書は2010〜2012年度の3年間にわたって行われた河合塾の「大学のアクティブラーニング調査」の成果をまとめたものである。これまで2010年度「大学のアクティブラーニング調査」および2011年度「大学のアクティブラーニング調査」については、それぞれ『アクティブラーニングでなぜ学生が成長するのか』『「深い学び」につながるアクティブラーニング』（共に東信堂）として出版してきた。これら2冊を引き継ぐ3冊目の本書においては、前2冊で掲載した質問紙調査の結果分析については割愛した。その代わりに、今後アクティブラーニングをより効果的にするために喫緊と思われる課題を提起し、その解決の方向を具体的事例として提示している。

　その意味で、本書は2012年度調査の結果から得られた最新の知見を中心に、過去3年間の調査で見出したグッドプラクティスの集大成となっている。

　本書の構成を紹介すると、まず、第1部は、より実効性のあるアクティブラーニング実現のための提言と実例である。第1章が過去3年間の調査を踏まえた「河合塾からの提言」、第2章がその提言内容の実例である立教大学経営学部、名古屋学院大学経済学部総合政策学科、立命館大学国際関係学部の事例紹介で構成されている。

　第2部は、2010年〜2012年度調査で実地調査を行った大学事例を再度精査して、視点別の評価結果と進んだ事例を紹介している。

　（これらの調査に冠せられている年度はカリキュラム実施年度のことであり、具体的に言えば2012年度調査は2012年度カリキュラムを対象として、実質的には2013年度に行った調査である）

　ところで河合塾が「大学のアクティブラーニング調査」を始めた2010年と2014年の現在とでは、アクティブラーニングを巡る状況は大きく変化した。3年前には大学に実地調査に赴いても、「アクティブラーニングとは何のことでしょう？」と問われることもしばしばあったが、2012年度調査ではそのようなことはなく、ごく普通にアクティブラーニングという言葉が大学人の間で流通

していた。

　この背景には中央教育審議会大学分科会大学教育部会が2012年3月26日に発表した「予測困難な時代において生涯学び続け、主体的に考える力を育成する大学へ（審議まとめ）」においてアクティブラーニングの重要性が主張されていることが影響していると思われる。

　　「予測困難な時代にあって生涯学び続け、主体的に考える力を持った人材は、受動的な学修経験では育成できない。求められる質の高い学士課程教育とは、教員と学生とが意思疎通を図りつつ、学生同士が切磋琢磨し、相互に刺激を与えながら知的に成長する課題解決型の能動的学修（アクティブ・ラーニング）によって、学生の思考力や表現力を引き出し、その知性を鍛える双方向の講義、演習、実験、実習や実技等の授業を中心とした教育である。その際、実際の教育の在り方は各大学の機能に応じて異なるとしても、このような質の高い授業のためには、授業のための事前の準備（資料の下調べや読書、思考、学生同士の議論など）、授業の受講（教員の直接指導、その中での教員と学生、学生同士の対話や意思疎通など）、事後の展開（授業内容の確認や理解の深化のための探究、さらなる討論や対話など）やインターンシップやサービス・ラーニング等の体験活動など、事前の準備、授業の受講、事後の展開を通した主体的な学びに要する総学修時間の確保が重要である。教員が行う授業は、このような事前の準備、授業の受講、事後の展開といった学修の過程全体を成り立たせる核であり、学生の興味を引き出し、事前の準備や事後の展開などが適切・有効に行われるように工夫することが求められる」

　そして同時にこの「審議まとめ」そのものが、多くの大学でアクティブラーニングを取り入れつつある、一つの大きなムーブメントを反映したものであるとも言える。
　いずれにせよ、ここ2～3年の間にアクティブラーニングは、今後の大学教育を展望する上で避けて通ることのできない重要な教育手法として認識され、実践的にも広がってきた。
　そして、このように広がってきたからこそ、効果的に行われているアクティ

ブラーニングがある一方で、教育効果を生み出していないアクティブラーニングもまた存在していることも明らかになってきた。また、その導入を巡って、旧来の一方的な講義形式の授業との関連や、アクティブラーニングの授業手法の導入への戸惑いも根強く存在していることが明らかになってきている。

　本書は、その書名が示すように、大学が学生の「学び」の質を保証することを重視している。これまで当プロジェクトは、「教授者中心の教育」から「学習者中心の教育」への転換が必要であると主張してきた。そして「学習者中心の教育」においては、「教員が何を話したか」よりも「学生が何をできるようになったか」こそが指標とされなければならない。今回はさらに踏み込んで、その質を大学がミニマムスタンダードとして保証することが重要であるという提言を行っている。

　そのためには、単にアクティブラーニングを行うだけでは不十分であり、学生を最低でもここまで到達させるという学部や学科としての目標設定と、教員間の協働が不可欠であるということが本書の中心的な命題である。実効性のあるアクティブラーニングは、それ自体が目的なのではない。なおかつ、単なる教授法の改善という文脈においてのみ捉えられるべきでものでもない。「学び」の質を保証するためにこそ実効性のあるアクティブラーニングは必要なのである。このような問題意識を踏まえて、本書をお読みいただければ幸いである。

※本書に掲載された各大学の学部・学科名称、科目名称等は、特に注記のない限り、調査当時のものです。
※本書に掲載された図表において出典が明記されていないものは、発表者（報告者）作成のものです。

目　次

はじめに ……………………………………………………………… i

第1部　「学び」の質を保証するアクティブラーニング実現のための提言と実例 ……………………………………… 3

第1章　河合塾からの提言：「学び」の質を保証するアクティブラーニング実現のために ………………… 5

1. 2010年度・2011年度「大学のアクティブラーニング調査」の成果 …………………………………………………… 6
   (1) 効果あるアクティブラーニング実現のための8つの整理　6
   (2)「深い学び」につながるアクティブラーニングは、科目を越える　10
   (3) ゼミを「開く」ことにより相互検証可能に　11
2. 2012年度「大学のアクティブラーニング調査」から見えてきた課題 ……………………………………………… 12
   (1) 学生全体の能力を底上げする教育目標の明確化が求められている　12
   (2) 教育目標達成のためには「教員の協働」が必須である　15
   (3) モデルカリキュラムとしての立教大学経営学部「ビジネス・リーダーシップ・プログラム（BLP）」　17
   (4) 設置すべきアクティブラーニング科目の要件は何か　19

第2章　教員の協働で実現されているアクティブラーニング事例 ……………………………… 23

1. 教員の協働で実現されているアクティブラーニング事例：立教大学経営学部ビジネス・リーダーシップ・プログラム…日向野幹也　24
   (1) 立教大学経営学部BLP（Business Leadership Program）の紹介　25
   (2) BLPの学外での評価　25
   (3) BLPの立ち上げ・発展　26
   (4) BLPの成果　29
   (5) 大学教育アントレプレナーシップ　30
   (6) 教育目標としてのリーダーシップの社会的意義　32

(7) アクティブラーニングのためには学生のリーダーシップが不可欠　33
　　(8) 学生・卒業生のBLP体験談　34
2. 教員の協働で実現されているアクティブラーニング事例：
　　名古屋学院大学経済学部総合政策学科 ……………… 伊澤俊泰　40
　　(1) 名古屋学院大学の紹介　40
　　(2) アクティブラーニングの始まり　41
　　(3) 経済学部の教育プログラム・カリキュラム改革　44
　　(4) 総合政策学科カリキュラムの進行　45
3. 教員の協働で実現されているアクティブラーニング事例：
　　立命館大学国際関係学部 ……………………………… 河村律子　50
　　(1) 立命館大学国際関係学部の紹介　51
　　(2) 初年次の基幹科目「基礎演習」　54
　　(3) 国際関係の模擬体験
　　　　「グローバル・シミュレーション・ゲーミング（GSG）」　57
　　(4) 教員の協働実現の条件　63

第2部　2010～2012年度「大学のアクティブラーニング調査」グッドプラクティス集 …………………………………… 67

1. 調査方法と評価の視点 ………………………………………………… 69
　　(1) 第一段階としての質問紙調査　69
　　　　2012年度　大学のアクティブラーニング調査 質問紙調査 調査票　71
　　(2) 実地調査の評価視点と評価基準　81
　　【評価の視点Ⅰ】アクティブラーニングの設計と導入　81
　　Ⅰ-1. 知識を活用し課題解決を目的とした
　　　　　「高次のアクティブラーニング科目」の設計と導入　81
　　Ⅰ-2. 知識定着を目的とした「一般的アクティブラーニング科目」の
　　　　　他科目との連携　82
　　【評価の視点Ⅱ】学部・学科による質保証、教育内容の統一・関連性確保　83
　　Ⅱ-1. アクティブラーニング科目の内容統一・科目間の関連性の確保　83
　　Ⅱ-2. 獲得させるべき能力と対応したアクティブラーニングを含んだ
　　　　　カリキュラム設計　84
　　【評価の視点Ⅲ】学生の能力形成と自律・自立化についての取り組み　85
　　Ⅲ-1. 振り返りとコミットメント　85

(3) 実地調査の評価結果が優れていた学科　87

2. 視点別の評価結果と「進んだ事例」紹介 …………………… 89
【評価の視点Ⅰ】アクティブラーニングの設計と導入　89
Ⅰ-1. 知識を活用し課題解決を目的とした
　　「高次のアクティブラーニング科目」の設計と導入　89
（1）概説　89
（2）理系学科　90
　　神奈川工科大学　応用バイオ科学部　応用バイオ科学科　90
　　北里大学　理学部　物理学科　92
　　室蘭工業大学　工学部　情報電子工学系学科　93
　　秋田大学　工学資源学部　機械工学科　95
　　日本大学　生産工学部　建築工学科　96
　　関東学院大学　工学部　機械工学科
　　　ロボットコース・システム専攻　98
　　金沢工業大学　工学部　電気電子工学科　99
　　近畿大学　理工学部　機械工学科　101
　　岡山大学　工学部　機械工学科　102
　　東邦大学　理学部　情報科学科　103
　　公立はこだて未来大学　システム情報科学部　105
　　工学院大学　グローバルエンジニアリング学部　機械創造工学科　107
（3）文系学科　109
　　日本女子大学　文学部　英文学科　109
　　日本女子大学　文学部　日本文学科　111
　　愛知淑徳大学　文学部　英文学科　113
　　同志社大学　文学部　国文学科　114
　　大阪女学院大学　国際・英語学部　国際・英語学科　115
　　近畿大学　文芸学部　英語多文化コミュニケーション学科　117
　　共愛学園前橋国際大学　国際社会学部　国際社会学科　119
　　立命館大学　国際関係学部　120
　　名古屋学院大学　経済学部　総合政策学科　122
　　産業能率大学　経営学部　126
　　立教大学　経営学部　129
　　立命館大学　経営学部　130

島根大学　教育学部　学校教育課程　初等教育開発専攻　132

愛媛大学　教育学部　学校教育教員養成課程　135

I-2．知識定着を目的とした「一般的アクティブラーニング科目」の配置と他科目との連携　138

（1）概説　138

（2）理系学科　139

東京理科大学　理学部第一部　応用物理学科　139

神奈川工科大学　応用バイオ科学部　応用バイオ科学科　140

北里大学　理学部　物理学科　140

近畿大学　理工学部　理学科　数学コース　141

公立はこだて未来大学　システム情報科学部　142

室蘭工業大学　工学部　情報電子工学系学科　143

日本大学　生産工学部　建築工学科　143

工学院大学　グローバルエンジニアリング学部　機械創造工学科　144

日本大学　理工学部　電気工学科　145

金沢工業大学　工学部　電気電子工学科　147

三重大学　工学部　電気電子工学科　148

（3）文系学科　148

日本女子大学　文学部　日本文学科　148

新潟大学　人文学部　人文学科　149

愛知淑徳大学　文学部　英文学科　149

共愛学園前橋国際大学　国際社会学部　国際社会学科　150

産業能率大学　経営学部　150

椙山女学園大学　教育学部　子ども発達学科　151

島根大学　教育学部　学校教育課程　初等教育開発専攻　151

愛媛大学　教育学部　学校教育教員養成課程　153

【評価の視点Ⅱ】学部・学科による質保証、教育内容の統一・関連性確保　153

II-1．アクティブラーニング科目の内容統一・科目間の関連性の確保　153

（1）概説　153

（2）理系学科　154

東京理科大学　理学部第一部　応用物理学科　155

神奈川工科大学　応用バイオ科学部　応用バイオ科学科　155

近畿大学　理工学部　理学科　数学コース　155

公立はこだて未来大学　システム情報科学部　156
　　秋田大学　工学資源学部　機械工学科　156
　　日本大学　生産工学部　建築工学科　156
　　工学院大学　グローバルエンジニアリング学部　機械創造工学科　157
　　日本大学　理工学部　電気工学科　157
　　関東学院大学　工学部　機械工学科
　　　ロボットコース・システム専攻　157
　　金沢工業大学　工学部　電気電子工学科　157
　　三重大学　工学部　電気電子工学科　158
　　岡山大学　工学部　機械工学科　158
　(3) 文系学科　159
　　日本女子大学　文学部　英文学科　159
　　日本女子大学　文学部　日本文学科　159
　　愛知淑徳大学　文学部　英文学科　160
　　共愛学園前橋国際大学　国際社会学部　国際社会学科　160
　　創価大学　経済学部　160
　　武蔵大学　経済学部　161
　　名古屋学院大学　経済学部　総合政策学科　161
　　産業能率大学　経営学部　161
　　立教大学　経営学部　162
　　立命館大学　経営学部　162
　　椙山女学園大学　教育学部　子ども発達学科　162
　　島根大学　教育学部　学校教育課程　初等教育開発専攻　163
　　愛媛大学　教育学部　学校教育教員養成課程　163
II-2. 獲得させるべき能力と対応したアクティブラーニングを含んだ
　　カリキュラム設計　164
　(1) 概説　164
　(2) 理系学科　165
　　神奈川工科大学　応用バイオ科学部　応用バイオ科学科　165
　　金沢工業大学　工学部　電気電子工学科　166
　(3) 文系学科　168
　　日本女子大学　文学部　日本文学科　168
　　同志社大学　文学部　国文学科　168
　　大阪市立大学　経済学部　経済学科　169

島根大学　教育学部　学校教育課程　初等教育開発専攻　171
　　　愛媛大学　教育学部　学校教育教員養成課程　171
　【評価の視点Ⅲ】学生の自律・自立化についての取り組み　173
　Ⅲ-1．振り返りとコミットメント　173
　　（1）概説　173
　　（2）理系学科　174
　　　工学院大学　グローバルエンジニアリング学部　機械創造工学科　174
　　　金沢工業大学　工学部　電気電子工学科　175
　　　岡山大学　工学部　機械工学科　176
　　（3）文系学科　176
　　　創価大学　経済学部　176
　　　産業能率大学　経営学部　177
　　　立教大学　経営学部　177
　　　椙山女学園大学　教育学部　子ども発達学科　178
　　　島根大学　教育学部　学校教育課程　初等教育開発専攻　178
　　　愛媛大学　教育学部　学校教育教員養成課程　179

あとがき ……………………………………………………………… 181

執筆者紹介 …………………………………………………………… 185

■図表一覧

図表 1	アクティブラーニングを取り入れたさまざまな授業形態	6
図表 2	高次のアクティブラーニング、一般的アクティブラーニング、講義の関連図	7
図表 3	目的と目標との関連	13
図表 4	階層型教育とネットワーク型教育	16
図表 5	教員の協働と学生の協働、その相互作用による学びのイメージ	17
図表 6	立教大学経営学部ビジネス・リーダーシップ・プログラム（BLP）の概念図	18
図表 7	経営学部 BLP の学外での評価	25
図表 8	総合政策学科カリキュラムの進行	46
図表 9	人材育成目的と人材育成目標	52
図表 10	カリキュラム全体像（概要）	53
図表 11	基礎演習ガイドライン（学生用）	54
図表 12	基礎演習ガイドライン（教員用）	55
図表 13	カリキュラム全体像（概要）	59
図表 14	2013 年度 GSG クラス編成	60
図表 15	2013 年度 GSG 授業スケジュール	61
図表 16	教員の協働実現のために	64
図表 17	2011 年度・2012 年度調査対象学科系統	69
図表 18	神奈川工科大学応用バイオ科学部応用バイオ科学科の科目「応用バイオ実験」のシラバス	166
図表 19	金沢工業大学工学部電気電子工学科の科目「コアガイド」のシラバス	167
図表 20	大阪市立大学経済学部の PE 成績表	170
図表 21	愛媛大学教育学部の科目「実践省察研究Ⅲ」のシラバス	172

「学び」の質を保証するアクティブラーニング
―3年間の全国大学調査から―

第1部

「学び」の質を保証する
アクティブラーニング実現のための
提言と実例

第1章 河合塾からの提言：
「学び」の質を保証する
アクティブラーニング実現のために

【Summary】
□ 2010年度・2011年度「大学のアクティブラーニング調査」の成果
- アクティブラーニングとは100％受動的でない学びの総称。
- 「高次のアクティブラーニング」と「一般的アクティブラーニング」を区別し連関させる。
- 「高次のアクティブラーニング」においては専門知識の活用が重要。
- 「高次のアクティブラーニング」(科目)は4年間連続して配置すべき。
- 一部の学生ではなく、すべての学生にアクティブラーニングを経験させる。
- 振り返り・リフレクションを組み込むことでより効果的に。
- 科目を越える設計で「深い学び」につなげることが可能に。
- ゼミをブラックボックス化せず、可視化することで最大最高のアクティブラーニングになる。

□ 2012年度「大学のアクティブラーニング調査」から見えてきた課題
- 多くの大学では抽象的な教育目的があっても、具体的な教育目標が設定されていない。
- 教育目標を明確にし、教員間で共有することが重要。
- 教育目標実現のためには教員間の協働が不可欠。
- アクティブラーニングでは、階層型の学びからネットワーク型の学びへの転換が必要。
- モデルカリキュラムとしての立教大学経営学部BLPは教員の協働で効果を挙げている。

効果的なアクティブラーニング・カリキュラムの必要条件
- 多くの教員が関わって内容が統一されていること。
- 「高次のアクティブラーニング」を含むこと。
- 他の科目との連携が組み込まれ「科目を統合する」コアになる科目であること。
- 卒業論文・卒業研究の前に1～3年次に連続して配置されていること。

1. 2010年度・2011年度「大学のアクティブラーニング調査」の成果

(1) 効果あるアクティブラーニング実現のための8つの整理

　河合塾大学教育力調査プロジェクト（以下「当プロジェクト」と呼ぶ）は、「2010年度大学のアクティブラーニング調査」「2011年度大学のアクティブラーニング調査」を通じて、京都大学高等教育研究開発推進センターの溝上慎一准教授をはじめとする研究者、教育実践者と連携し、多くの示唆を得つつ、次のような諸点を明らかにしてきた。

①アクティブラーニングの定義

　アクティブラーニングとは「行動的な学習」という意味ではなく「能動的な学習」形態のことを指すという溝上准教授の定義を、当プロジェクトも踏襲している。すべての学習は頭脳の能動的な活動であることは自明であるが、ここで問題としているのは授業の中の形態であり、それが100％パッシブ（受動的）な、すなわち講義を単に聴くだけという一方的な形態ではなく、何らかの学生の能動的な参加を促すものであるならば、それはアクティブラーニングであると定義する。

　そのアクティブラーニングには、**図表1**のような諸形態が含まれる。

②「高次のアクティブラーニング」と「一般的アクティブラーニング」の分別

　当プロジェクトは2010年度大学のアクティブラーニング調査以来、アク

```
□学生参加型授業
  e.g. コメント・質問を書かせる／フィードバック、理解度を確認
  （クリッカー／レスポンス・アナライザー、授業最後／最初に小テスト／ミニレポー
  トなど）
□各種の協同学習を取り入れた授業
  e.g. 協調学習／協同学習
□各種の学習形態を取り入れた授業
  e.g. 課題探求学習／問題解決学習／問題発見学習
□PBLを取り入れた授業
  e.g. Problem-Based Learning ／ Project Based Learning
□ほか：ピアインストラクション、TBL（チーム基盤型学習）
```

（京都大学　高等教育研究開発推進センター　准教授　溝上慎一）

図表1　アクティブラーニングを取り入れたさまざまな授業形態

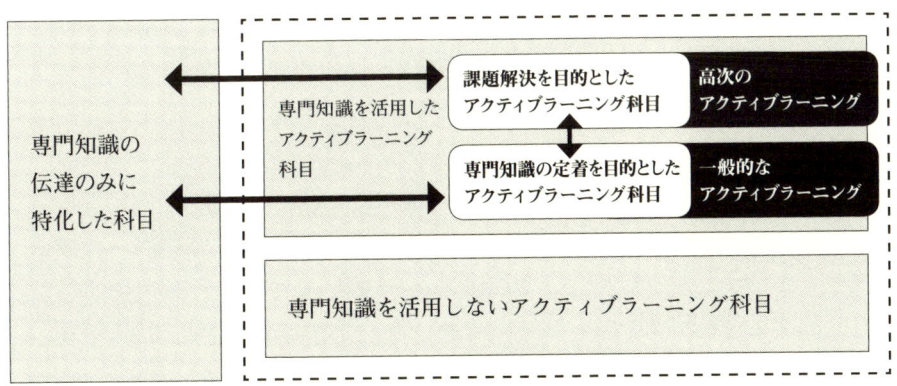

図表2　高次のアクティブラーニング、一般的アクティブラーニング、講義の関連図

ティブラーニングはその目的において、専門知識を活用し課題解決を目的とした「高次のアクティブラーニング」と、専門知識の確認・定着を目的とした「一般的アクティブラーニング」に大別すべきことを主張してきた（**図表2**）。もちろん、一つの授業の中に2種類のアクティブラーニング要素が入ることはあり得ることではあるが、カリキュラムを設計する上で、この2種類のアクティブラーニングは明確に分別して、その相互の組み合わせや講義との組み合わせを考えることが重要となる。

③「高次のアクティブラーニング」における専門知識の活用と科目の関連付け

「高次のアクティブラーニング」では、学生たちが専門知識を活用して課題解決に取り組む。問題発見・問題解決に取り組むとなるとさらに高度な内容となるが、さしあたり、与えられた課題を解決することが最低でも必要な学びである。この「高次のアクティブラーニング」では、往々にして「活動あれど学びなし」という事態に陥りがちである。例を挙げると、1年次前期に何らかの課題解決や提案型の「高次のアクティブラーニング」を設定する場合、そこでは当然、学生たちは専門知識が教えられていないために、アイデアを競うことだけに終始することが多い。それでも、「仲間づくり」や「達成感」などは得られるのであるが、こうした場合には何を科目の目標とするのかがポイントとなる。

しかし、1年次後期以降、あるいは2年次や3年次に「高次のアクティブラーニング」科目を設定する場合には、「仲間づくり」や「達成感」で終わることはで

きない。学生たちが他の専門科目の中で学んだ専門知識を活用して課題解決に取り組む仕組みが不可欠であり、その意味で、カリキュラム設計に当たっては他の科目との連携が織り込まれなくてはならないのである。

④「高次のアクティブラーニング」科目の4年間連続的な配置の重要性

「高次のアクティブラーニング」は、従来は多くの場合、卒業論文・卒業研究とそれにつながる専門ゼミ・専門研究のみが該当しているケースが多かった。1・2年次に講義型授業で専門知識を詰め込み、その知識を活用して3年次から専門ゼミ・専門研究に取り組み、4年次に卒業論文・卒業研究を完成させるのである。この流れでは、卒業論文・卒業研究は学士課程教育における、量的にも質的にも最大最高の「高次のアクティブラーニング」となる。

卒業論文・卒業研究の問題点は後述するとして、この流れが現時点で問題となるのは、1・2年次に「高次のアクティブラーニング」科目が配置されていない点である。

それはなぜ問題なのか。まず外的な要因から見れば、知識基盤社会と呼ばれる現代において重要とされる「知」とは専門知識の量ではなく、その専門知識を活用し課題解決する能力のことであるとされる。とするならば、この能力は専門知識を1・2年次に講義という形態で得てから、その後に3・4年次になって初めて活用するというスタティックな取り組みでは獲得されにくい。それは繰り返すことによって獲得される能力だからであり、何よりも学生たちは1・2年次に、どのように活用（アウトプット）するべきかも不明な専門知識を、ただ受動的に詰め込む（インプット）ことを強いられるからである。

また、学生の側の要因に注目すれば、伝統的な講義形式の授業は大学進学者が少数であった時代（例えばマーチン・トロウが言うところの、進学率15％以下のエリート段階）には、学生の高度な意識が期待でき、一方的な講義を聴きながらでも、学生たちは頭の中で架空の対話を試みていたと言えるかもしれない。しかし、現在のような進学率50％を超えたユニバーサルアクセス段階において、同じ効果を学生に期待することは現実的ではないと言うべきである。

そうした点から当プロジェクトは、大学4年間の絶え間ない「高次のアクティブラーニング」科目の配置が重要であることを主張してきた。

⑤一部の学生ではなく、すべての学生に対して高次のアクティブラーニング科目を提供する

「高次のアクティブラーニング」は、これまで述べてきた諸点から見れば、学士課程教育にとり不可欠の要素である。ここで課題となるのは、すべての学生がこうした「高次のアクティブラーニング」を経験できるようにするべきかという点である。この課題は、後述するように、学部・学科の教育目標をミニマムスタンダードとして設定すべきことと関連する。当該学部・学科に入学した以上は、これだけの能力を身に付けさせるというリアルな教育目標の設定があれば、当然、「高次のアクティブラーニング」のような重要科目は、できるだけ多くの学生が経験するように配置すべきである。特に選択科目である場合には、一番経験してほしい学生ほど履修しないという傾向が強いことに留意する必要があるだろう。必修科目か選択科目か、それとも選択必修科目であるかは問わないが、それだけのキャパシティと履修指導は用意されてしかるべきである。

⑥振り返り・リフレクションの重要性

アクティブラーニングにおいて、振り返り・リフレクションは重要であると指摘されている。知識の量と正確性などはテスト等で簡単に成果が確認できるが、知識の活用能力の測定はそれほど簡単ではない。また、「高次のアクティブラーニング」には「対課題」だけでなく「対人（チーム）」「対自己」の能力向上も期待されている。こうした対課題、対自己のコンピテンシー（行動特性）は、学生本人の自覚の産物でもある。とするならば、そうした自覚を促す装置としての振り返り・リフレクションがアクティブラーニングの中に組み込まれていることが重要である。

また、「高次のアクティブラーニング」そのものとは少し離れるが、昨今、学生への面倒見の良さを強調する大学も多い。学生への面倒見は、究極的には学生が自律・自立化するためのプロセスであるべきである。アクティブラーニング型の授業に限定されることなく、学年や学期での目標設定・実行・振り返り・次の目標設定という、いわばPDCAサイクルを学生自身が自己に適用して回せるようにしていくことが必要である。そして、そのプロセスが回せるように教員が適切に関わっていくことが不可欠である。

これは、知識基盤社会では大学を卒業しても学び続けることができる学習者

を育成することが課題となってきていることとも整合しており、重要なポイントである。

　このような整理を踏まえつつ、「2012年度大学のアクティブラーニング調査」では特に次の2点に着目した。
　⑦　「深い学び」につながるようにアクティブラーニングを設計する
　⑧　ゼミを外部から検証可能にする＝ゼミを可視化する
　である。次節において、詳しくこれら2点について述べる。

(2)「深い学び」につながるアクティブラーニングは、科目を越える
　⑦の「深い学び」につながるアクティブラーニングについて改めて述べておくと、「深い学び」とは授業の中で学んだこと、経験したことが、学生の既有の知識と関連付けられ、新たな世界像が構築されていくということである。こうした知識は「試験が終わってしまえば忘れてしまう」ような丸暗記型の知識とは異なり、一生活用でき、一生忘れない知識である。課題解決型のアクティブラーニングは今日、多くの大学で導入されるようになってきているが、「どれだけ専門知識を活用しているか」が、それを単なるお遊びにしてしまうか、それとも「深い学び」につながるものにできるかの1つの分水嶺となる。
　この点について付言しておくと、正課のカリキュラム設計としては、「科目を越える」ということが重要である。本来「深い学び」では、獲得した知識が科目を越えるだけでなく、学校や大学の枠すら越えて学生の全生活史から得られた既有の知識をも関連付けの対象とする。しかし、本調査が対象とするのは正課のアクティブラーニングであるため、カリキュラム設計としては少なくとも科目を越えて他の科目で得られた知見を活用することが要件となる。
　例えば、中学・高校で数学が嫌いになる生徒が多いのは、その数学的知見が物理などの他の科目に活かせる、関連付けられるという視点が与えられないためであるということが指摘されている。数学の解法だけを覚え込むという暗記型で数学に臨むために、その科目を越えて知識が統合されず、数学の学習を通じて新たな世界像が生成されることもないのである。
　あるいは、総合的な学習の時間で、多くの場合、社会見学などが「深い学び」につながらないのも、この「科目を越えて知識を統合する」という視点が欠落

しているか、弱いためであると推測される。

　大学の例で言えば、経営系の学部でビジネスプランを考える課題解決型のアクティブラーニングで陥りやすいケースなどがそれに当たる。ビジネスプランを考えるアクティブラーニングでは優れたアイデアも求められるが、授業の目的はアイデア競争ではないはずである。アイデアを、経営学的な専門知識を活用して、実現可能なものへと練り上げていくこと、あるいは検証していくことこそが求められるはずである。しかし、「マーケティング論」「財務会計論」「経営戦略論」などの経営学の他の専門科目との連携が組み込まれていなければ、多くの場合、アイデア競争に終始してしまうのである。

　いずれにせよ、「深い学び」につながるアクティブラーニングを実現するためには、大学において科目を越えて専門知識と結びつくことが不可欠なのである。

　このため、2011年度調査、2012年度調査における実地調査では、科目を関連させる設計について評価を行った。具体的には
　①同一学年に複数のアクティブラーニング科目が置かれている場合に、それがリンクするような設計になっているか
　②学年をまたぐアクティブラーニング科目について、それがリンクするような設計になっているか
　③「高次のアクティブラーニング」科目において専門知識を提供する科目とリンクする設計になっているか
　の3点である。

(3) ゼミを「開く」ことにより相互検証可能に

　⑧のゼミを開く試みについての問題意識は、本来、専門ゼミおよび卒業論文・卒業研究が学士課程教育における最大最高の「高次のアクティブラーニング」であるべきにもかかわらず、現状では個別教員のもとに囲い込まれ、ブラックボックス化しているという現状から導き出されたものである。またゼミがブラックボックス化していることは、相即的にそれ以前の専門科目についても個別教員に内容が委ねられ、いわゆる「人に科目が付く」状態に結果しやすい（この傾向は人文系・社会科学系に顕著であり、積み上げ型カリキュラムを取る理工系には少ない）。

当プロジェクトはこれまでに、
　①学部・学科として卒業時の高い目標を設定し、それを教員間で共有することが、教員間のコラボレーションを促し、ゼミを開いていくことにつながること
　②ゼミ間の連合による共同ゼミや協同プロジェクトを行うこと
　③ゼミ大会などゼミ間の交流
などが、間接的な効果をもたらすことを提言してきた。

2. 2012年度「大学のアクティブラーニング調査」から見えてきた課題

(1) 学生全体の能力を底上げする教育目標の明確化が求められている

　「2012年度大学のアクティブラーニング調査」を進める中で、当プロジェクトは大学教育の目的と目標の教員集団による共有化、意識化について、現状ではあまりにも不十分であることに気付くこととなった。まずその点について述べたい。

　大学における教育の目的は、ミッションステートメントとして明確化されるべきである。そして、学部・学科の教育目標はディプロマポリシーの中に明確化されるべきである。もちろん、ディプロマポリシーの中に目的が記述されることは有りうるし、明確に理念やミッションステートメントとの住み分けが求められているわけでもない。ディプロマポリシーの中に教育目標が含まれていることが必要不可欠なのである。

　目的と目標の関係は一般的には次のように整理される。

　　「目的」は、「目標」に比べ抽象的で長期にわたる目あてであり、内容に重点を置いて使う。「人生の目的を立身出世に置く」◇「目標」は、目ざす地点・数値・数量などに重点があり、「目標は前方三〇〇〇メートルの丘の上」「今週の売り上げ目標」のようにより具体的である。(『大辞泉』)

　この整理に従えば、意義や価値観などから導かれるものが目的であり、それは必然的に定性的になる。例えば、「世界に貢献できる人材を育成する」というのは目的に他ならない。その達成についてはアウトカムとして問われること

になる。

　他方、目標は数値などで設定され、定量的なものである。例えば上記の目的を実現するために「全学生に卒業までにTOEICスコア700点をクリアさせる」というようなことが目標であり、その達成については定量的なアウトプットとして問われることになる。

　この両者の関係は明らかに、目的が上位であり、その上位にある目的を実現するために目標が設定されることになる（**図表3**）。

　このように見た時に、医療系をはじめとした資格取得を目指す学部では、全員の、または〇〇％以上の学生の資格取得ということが明確に目標として設定されている。この目標は、必然的に教員集団に共有され、その共有された目標をクリアするためにこそ、教員集団は協働する関係に入る。

　工学系では、そのような資格取得を目指す学系もあるが、そうでない学系においても概ね「このような技能を有して、こうした知識を用いて、このレベルのものが設計・製作できる」というような目標が共有され、そのレベル到達に向かって教員集団が協働しているという現状がある。

　では、非資格系で社会科学系や人文科学系の場合はどうか。この目標が設定されていない学部・学科がほとんどなのである。もちろん、今ではほとんどの学部でディプロマポリシーが整備されているのだが、にもかかわらず達成すべき教育目標として、そのディプロマポリシーが認識されているとはとても言い難い状況が存在している。あるいは、ディプロマポリシー自体が、具体性を欠いた抽象的なものに終始して、それが教員の日々の教育活動を規定しているとはとても言えない場合も多く見受けられる。

　つまり、明確な学部・学科の組織的目標が存在しなかったり、存在しても教員間で共有されていなかったりすれば、その結果、教員個々がそれぞれに描い

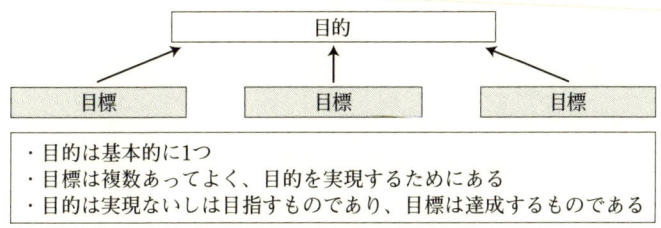

図表3　目的と目標との関連

た目標に向かって学生を教育していくことにならざるを得ない。

　しかし、こうした現実が主流であるということは、必ずしも非資格系の社会科学系や人文科学系で目標の設定が困難であったり不可能であったり、ということを意味しているわけではない。

　例えば、2011年度調査で実地調査を行った日本女子大学文学部英文学科では、目的は「社会で通用する女性の育成」であり、英文学科の目標は「卒業までに英語で30枚以上の卒業論文を執筆させる」ということであった。このハードルは決して低いものではなく、入学当初からすべてのカリキュラムが、この目標達成のために組まれ、すべての学科教員はこの目標達成のために協働するという関係が成立している。

　こうした目標が、多くの場合、設定されていないことが問題となるのである。

　もちろん、このような目標設定がすべての大学に普遍的に妥当するわけではない。

　このような目標は「この学部・学科に入学したからには、最低限ここまでのことをできるようにする」というミニマムスタンダード的な考え方であり、それは取りも直さず「学びの質保証」と同義である。

　他方で、「この学部・学科の中から世界に通用する研究者が出るようにする」という目標設定もありうる。一部の研究大学などがこれに該当するが、この場合はミニマムスタンダードとは異なった文脈で捉えなければならない。その学部・学科が「研究による教育」を標榜するならば、研究それ自体が近年では個人作業ではなく研究者間の協働によって成立するとしても、教育に関する限り教員集団の協働による教育目標の達成は課題とならないかもしれない。ゼミも教員ごとの先端的な研究のもとに閉じられていたとしても（もちろん、研究のために開かれていたとしても）一向に構わないことになるからである。

　しかし、今日の日本の大学の大半は、ユニバーサル化の現状から見ても、ミニマムスタンダードが問われているという厳然たる現実がある。

　このようなミニマムスタンダードとしての教育目標を達成しなければならない大学にとっては、教員の協働が必然であり、それを抜きにして目標の達成は不可能と言う以外にない。

　ミニマムスタンダードとしての教育目標を掲げるべき学部・学科であれば、アクティブラーニングに関しても、教員の協働により科目を統合するコアとな

る科目が設けられることが重要である。これは教員集団の共同責任によるミニマムスタンダードの達成という観点からみても、そうならざるを得ない。

あるいは、ゼミがアクティブラーニングの中心となるカリキュラム設計であれば、ゼミが教員個人のもとに閉じられるのではなく、教員集団としての教育目標達成に従う形で内容や評価基準等が開かれ、共有され、相互に検証されていくべきであろう。

(2) 教育目標達成のためには「教員の協働」が必須である

学部・学科として教育目標を達成するということは、学びの質保証を実現することと同義であるが、そのために教員の協働によるアクティブラーニングの導入を提言したい。

そのことは同時に、「深い学び」につながるアクティブラーニングを実現するためには科目間の連携が必要であり、科目間の連携を実現するためには教員間の連携＝協働が必要となるということとも重なる。また、専門ゼミを開くということは、教員間の協働を推し進めるということを意味するはずであり、これとも関連してくる。

加えて、この教員の協働は、学生の協働した学びと相互に作用することが重要になる。専門知識を活用し課題解決を目的とする「高次のアクティブラーニング」においては、グループワークが特に重要な意味を持っている。言うまでもなく、こうしたグループワークや協働した学びの中で、学生は情報収集・分析力、コミュニケーション能力、リーダーシップスキルなどのジェネリックスキルを身に付けていくことになるが、それだけではない。

学生にとって「深い学び」とは、自分の外にある「正しい知識」を覚えるというパラダイムで捉えられるべきものではなく、授業や学びの中での新しい経験を自分の既有の知識と関連付け、新しい理解＝世界像を自分自身で構築するという意味からも、重要なのである。これは学生の個的な作業でありつつも、同時に教員や学生同士の相互作用の中でこそ実現されるという意味も含むからだ。

このことは、「学びは、新しい世界との出会いと対話の実践（認知的実践）であり、他者との対話の実践（対人的実践）であり、自分自身との対話的実践（自己内的実践）です。言い換えれば、学びは『媒介された活動』による新しい世界との出会いであり、教師や仲間との対話による『背伸びとジャンプ』なのです」

(佐藤　学『習熟度別指導の何が問題か』岩波書店）と整理することもできよう。

　このように学生は、学生同士、教員との相互作用の中で自ら新しい理解＝世界像を生成していく。とするならば、教員はすでに「正しい知識の所有者」という役割に止まることはできないはずである。教員自身も「学ぶ主体」として教員間の協働作業に加わるとともに、授業の場においては学生との協働作業をファシリテーターとして実践する、そうした役割が求められているのである。

　教員の協働と学生の協働が共に成立する時に、アクティブラーニングは真に効果的な学びとして機能するというのが、この提言のポイントである。

　この点をもう少し掘り下げると以下のように示すことができる。

　図表4は、ハーバード大学教育学大学院デイビッド・パーキンズ教授による「21世紀型スキルを身に付けるには従来の『階層型の教育』よりも『ネットワーク型の教育』が適している」という提言を図式化して整理したものである。

　「階層型」では科目が分断され、かつ科目の中では教員が知識や情報源を独占し、一方的に与えるという階層的な図式であるのに対して、ネットワーク型では科目がそれぞれに連携し、かつ科目の中では教員と学生が等しく情報源にアクセスでき、学生は学生同士や学生と教員との相互作用によって学ぶのである。

　これは「学びの社会化」「ソーシャルな学び」とも呼ばれていることに重なる。

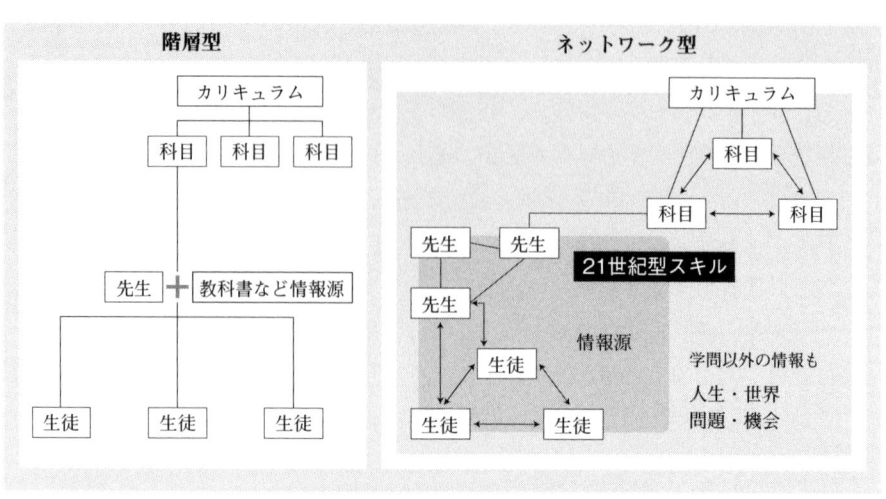

（『キャリアガイダンス2013年7月号』リクルート進学総研より作成）

図表4　階層型教育とネットワーク型教育

第1部 「学び」の質を保証するアクティブラーニング実現のための提言と実例　17

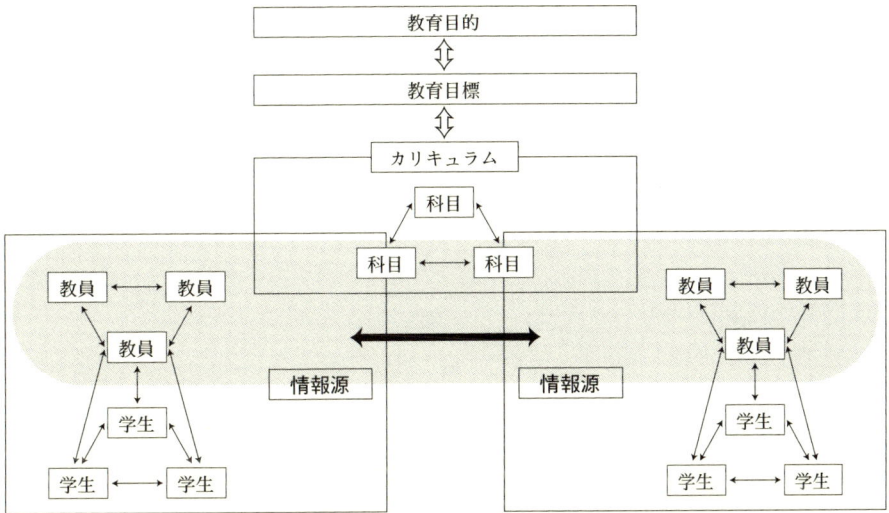

図表5　教員の協働と学生の協働、その相互作用による学びのイメージ

社会では、同じ一つの知識についても、経験や所属する文化圏が異なれば全く異なる理解が生じる。そして、社会で働くということは、そうした公共圏他者とコミュニケーションし、協働作業を行っていくということに他ならない。同じことでも人によって理解の仕方が異なり、説明の仕方も異なる。そのような社会での普遍的な関係性を大学の学びの中に取り入れるということなのである。つまり、グループワークや討議を通して、学生たちはそのような経験を重ねつつ、より多面的な見方や理解の仕方を自分のものにしていくのである。

こうした点を踏まえて、当プロジェクトが**図表4**に付け加えるとすれば、それに教員間の相互の連携を加えた**図表5**のようなイメージ図になると考える。

(3) モデルカリキュラムとしての立教大学経営学部「ビジネス・リーダーシップ・プログラム（BLP）」

このような方向の一つのモデルカリキュラムとして当プロジェクトが紹介したいのが、立教大学経営学部の「ビジネス・リーダーシップ・プログラム（BLP）」である（**図表6**）。

BLPは、「権限なきリーダーシップ」と「不満を提案に変えることができる能力」の育成を目的に、1年前期から3年前期まで5期連続したアクティブラーニ

ングのプログラムであり、1年前期は経営学部全員が必修、1年後期・2年前期は経営学科全員が必修となっている。1年前期（リーダーシップ入門BL0）と2年前期（BL2）、3年前期（BL4）は提携企業からテーマが与えられ、その解決策をグループワークで考えてプレゼンテーションし、優秀なグループが企業と教員からそれぞれ別な視点から表彰される。また1年後期（BL1）と2年後期（BL3）はスキル獲得のためのアクティブラーニングである。経営学部全体では、1年前期・後期、経営学科に限れば2年前期までのすべての学生に、少人数で行われる「高次のアクティブラーニング」が提供されているわけである。

　専門知識との関連で言えば、1年前期のBL0ではまだ経営学的な専門知識は学んでいないが、「専門知識があればもっと良い解決策が考えられるはず」という知識への欲求が育まれ、2年前期や3年前期では学んだ経営学の専門知識

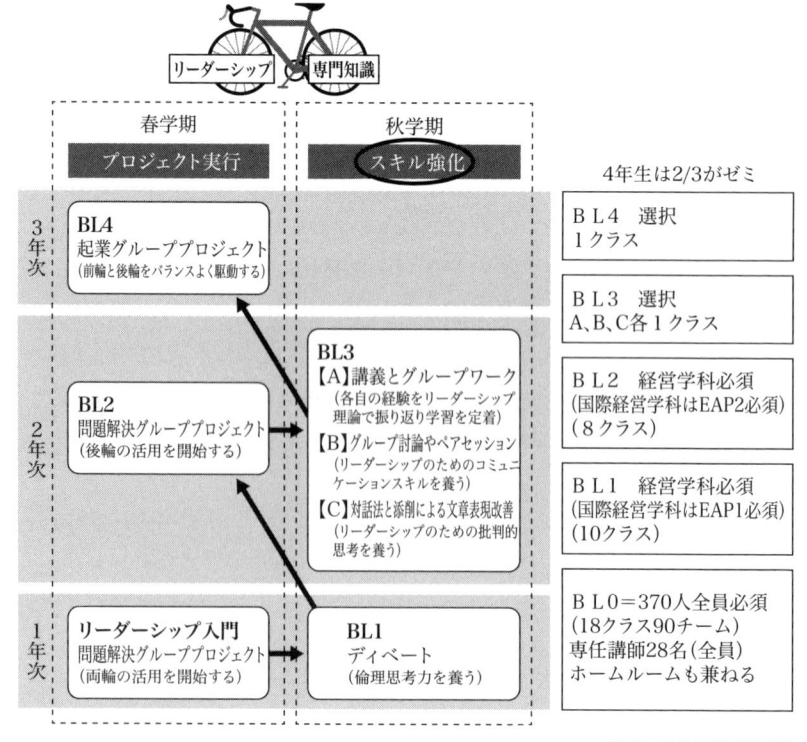

（提供　立教大学経営学部）

図表6　立教大学経営学部ビジネス・リーダーシップ・プログラム（BLP）の概念図

が活用できるように設計されている。

　このBLPの基本スタイルはグループワークである。グループワークの中で学生たちは協働のレベルを高め、リーダーシップとは何かを理解し、リーダーシップスキルを磨いていく。また、学期末に同じグループの学生に対して「良かった点」「悪かった点」を指摘し合う「相互リフレクション」が行われるなど、学生の協働のレベルを高めるための仕掛けが随所に埋め込まれているのである。

　しかも、このアクティブラーニングにはスチューデントアシスタント（SA）が各クラスに1名配置され、単なる手伝いではなくファシリテーターとして重要な役割を担っている。このSAが現実的には授業の進行役を担っており、SAは「質問されたことには質問で返す」ことが義務付けられている。つまり安易に答えを言わず、学生たちに考えさせることがファシリテーターの任務だということであり、その実現のために優れた質問で返す研修にも力が入れられている。これも学生同士の協働のレベルを高めていく重要な要素となっている。

　そして、もう一つ重要なことは、このBLPの授業は全クラス同じスライド（教材）が準備され、同じ進度で進められている点である。もちろん、そのためには担当する教員が協働して共通のテキスト・スライドを作成する。それだけではなく、毎回の授業の後に、BLPを担当する全教員で検討会が開かれ、その回の授業の問題点や次回の授業のスライドの検討が欠かさず行われているのである。担当教員全員によるこうした協働があってこそBLPは効果的なプログラムとして機能している。しかもユニークなのは、この教員の検討会にSAも参加して改善のための意見を自由に述べている点である。

　こうした積み重ねの中で、新入生を迎えて4月に2日間で行われる課題解決のための「高次のアクティブラーニング」入門とも言える「ウェルカムキャンプ」では、今やSAがほぼすべてのプロセスを担うところにまで至っている。

　（注：立教大学では、この経営学部のBLPの成功を受けて、2013年度から全学カリキュラムとしての「グローバル・リーダーシップ・プログラム（GLP）」をスタートさせた。）

(4) 設置すべきアクティブラーニング科目の要件は何か

　このような①「深い学び」つながるアクティブラーニングを、科目間の連携を通じて実現すること、②卒業時に学生に身に付けさせる能力に関して、高い目標設定を行い、その目標の達成に向けてブラックボックス化した専門ゼミを

開き、相互に検証→改善可能なものとして再設計すること、③教員の協働によるアクティブラーニングを、学科としての学びの質保証を目指す取り組みとして位置づけること、という課題に対して、トップダウンで強力に推し進めていく方法も、条件次第では可能であると思われるものの、そのような条件を持たない学部・学科の方が多数である。

したがって、学部・学科内の全体合意が取れない中でも、教員が同僚性を発揮して、できることから始めていく必要があるし、その方法が検討されなければならない。

具体的には、学科複数の教員が協働できる、科目を越えた「深い学び」につながるアクティブラーニング科目を設定することである。

立教大学経営学部のように、学部創設時点で学部・学科を挙げて取り組むことが決まっていたケースもあれば、最初は一部の教員間の協働としてスタートし、それが徐々に拡大していった名古屋学院大学経済学部総合政策学科や立命館大学国際関係学部のケースもある。つまり、どちらの条件でも開始できることが、示唆されているのである（立教大学のBLPについても、最初の枠組みはトップダウン的に決まっていたが、内容についてはボトムアップ的に改革され、その改革の成果が実を結ぶ形で今日に継続していることに留意）。

そのアクティブラーニング科目に関して具体的な要件を列挙すると以下のようになる。

○このアクティブラーニング科目は学科の多くの教員（可能であれば何らかの形で全員）が担当する必要がある。

○このアクティブラーニング科目は少人数クラスで行われ、専門知識を活用しつつ学生同士が協働して課題解決に当たる「高次のアクティブラーニング」を含む必要がある。

○このアクティブラーニング科目が複数クラスで開講される場合は、内容が統一されていなければならず、その統一のプロセス自体が教員の協働として行われる必要がある。

○このアクティブラーニング科目は、担当する教員が教える他の科目との連携が組み込まれた、「科目を統合する」コアになる科目であることが必要である（どのように組み込むかを、教員の協働により設計する）。

○このアクティブラーニング科目は1〜3年次に連続して配置することが望

ましい。少なくとも専門ゼミが始まる以前の1年次と2年次に配置される必要がある。

　これら5つの要件は、あくまでも教員の協働と学生の協働により、「深い学び」につながる「高次のアクティブラーニング」を実現するための第一歩となりうる要件を抽出したものであって、単独の授業モデルやカリキュラムモデルを提案することを意図したものではない。

　また、これら5つの要件が満たされるためには、教員が新しいことにチャレンジすることを励ますような、学部・学科のエートスが不可欠である。立教大学BLP主査の日向野幹也教授は、このエートスのことを大学教員のアントレプレナーシップとして提唱されているが、まさにそうした精神風土を自ら作り出していくことが必要ではないだろうか。

　すでに、日本の大学がユニバーサルアクセス段階に達してから多くの年月が経過し、その間にも、そして今も、多くの学生が現状の大学に籍を置いている。彼らに対して「学習者中心の教育」を提供することは、もはや待ったなしの課題であり、現状でも遅すぎるほどである。それが可能であることは、いくつもの先行事例が示している。

　次章では、教育目的と教育目標を教員間で共有し、教員の協働によって実効性の高いアクティブラーニングを実現している3つの大学の事例を紹介する。この3事例は、2013年10月12日河合塾麹町校で開催された「河合塾FDセミナー」における講演録である。

第2章　教員の協働で実現されている　アクティブラーニング事例

(2013年10月12日開催 河合塾FDセミナー講演録)

1. 立教大学 経営学部 ビジネス・リーダーシップ・プログラム (BLP)

2. 名古屋学院大学 経済学部 総合政策学科

3. 立命館大学 国際関係学部

1. 教員の協働で実現されているアクティブラーニング事例：
   立教大学経営学部ビジネス・リーダーシップ・プログラム（BLP）

立教大学　経営学部
教授　日向野幹也

【Summary】

□ BLP（Business Leadership Program）
- グローバル社会で活躍できる人材の養成を目的とした経営学部経営学科のコアプログラムであり、高次のアクティブラーニング科目群である。
- チームでのプロジェクト実行やスキル強化を通してビジネス・リーダーシップを涵養。

□ BLPの教育目標はリーダーシップ
- BLPの最大の特徴は、権限・役職・カリスマと関係のないリーダーシップを教育目標としていること。
- リーダーシップ行動の3要素は、①成果目標を設定すること、②目標達成のために自ら行動すること、③周囲を巻き込むことである。
- ソーシャルな高次のアクティブラーニングは、リーダーシップ教育と結びつくことでより効果的なものとなる。

□ BLPの立ち上げ・発展
- 経営資源や組織的支援には恵まれない環境からのスタート。
- 教員とSAが同僚的に取り組む合宿・研修や授業後の勤務時間外の会議もBLP成功の鍵。
- BLPにかかわる教職員にとっての最大の報酬は、金銭ではなく学生の成長である。ただし特定少数の教員の情熱だけに依存しつづけると維持可能でなくなる。
- 文科省の教育GP（特に優れており波及効果が見込まれる取り組み）に採択、河合塾2010年度アクティブラーニング調査で高評価。

□ BLP推進のためには大学教育アントレプレナーが必要
- アントレプレナーとは、障害を乗り越えて、同志との連携、非公式ルートからの資源調達、競争的外部資金の獲得などにより成果をあげて正当性を獲得し、志を実現していくような起業家のこと。
- BLP立ち上げ・発展の過程にかかわった教職員は大学教育アントレプレナーである。
- 大学教育アントレプレナーシップはリーダーシップの発露である。

(1) 立教大学経営学部BLP（Business Leadership Program）の紹介

今日お話しすることは5つに分かれています。

まず①3年ほど前の映像による授業紹介。②次はBLP（Business Leadership Program）が学外からどのように評価されてきたか。③先程トップダウンで始まり、ボトムアップで改良したという話がありましたが、トップダウンの実態を赤裸々に紹介します。④は教育目標としてのリーダーシップの社会的意義。⑤はアクティブラーニングそのものとリーダーシップの関係、これらについてお話ししたいと思います。

では最初にBLP紹介映像です。ご覧ください。

（動画：http://www.youtube.com/watch?v=8ArzjQNEa2g）

（注）BLPについては、本書の17ページ、129ページでも紹介しています。

(2) BLPの学外での評価

ここでBLPに関する外部評価について紹介致します。2008年度の教育GPには全国から939件の応募があり、148件が採択され、BLPはその中に入りました。そして3年間の教育GPの実施期間が終わった後に、成果評価を文部科学省と日本学術振興会の大学教員が行って、応募939件中の上位15件の「特に優れており波及効果が見込まれる取り組み：全体の1.6％」にBLPが入りました（図表7）。その影響なのか、中央教育審議会の答申や資料にも異例の固有名

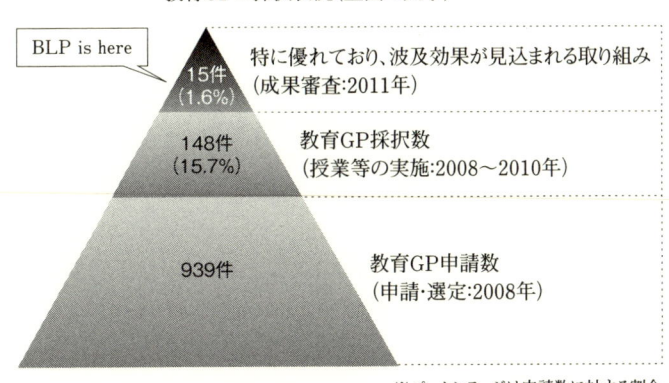

教育GPの採択状況（全国の大学）

- BLP is here　15件（1.6％）　特に優れており、波及効果が見込まれる取り組み（成果審査：2011年）
- 148件（15.7％）　教育GP採択数（授業等の実施：2008〜2010年）
- 939件　教育GP申請数（申請・選定：2008年）

※パーセンテージは申請数に対する割合
（提供　立教大学経営学部）

図表7　経営学部BLPの学外での評価

詞入りで何度か紹介されました。

　また、アクティブラーニングとは別ですが、NPO法人日本アクションラーニング協会の2011年「エクセレント・プログラム・アワード」で表彰され、そして2010年の河合塾の「大学のアクティブラーニング調査」では経営学部が全国の文系学部の中でアクティブラーニングの導入が最も進んでいる大学の1つとして評価されました。

　BLPは2006年度から経営学部で始まりましたが、2006年度から2012年度までの実績が学内でも評価されたため、2013年4月からは対象を全学に広げた「立教グローバル・リーダーシップ・プログラム（GLP）」も並行して開講されました。GLPはBLPの成果が出たことで志願者倍率が3倍となりました。最初は小規模でスタートし、小さな成功を積み重ねて支持が広がったと言えると思います。

　さらに評価関連では、2006年から毎年、外部評価委員会からアドバイスを頂き、それに応えられるようにBLPの改善を続けています。この外部評価委員会の議事録もかなり赤裸々に書かれていて、経営学部のウェブサイトにもありますのでご覧ください。（URL http://cob.rikkyo.ac.jp/blp/about.html）

(3) BLPの立ち上げ・発展

　BLPプログラムの内容を紹介する機会はこれまで数十回ありましたが、そこで受ける質問から推察すると、先生方のご興味は教科内容もさりながら、どうやってこんな大規模なプログラムを、おそらく反対がいっぱいある中で立ち上げ、高めたのかというところにあると感じています。

　そこで今日は、若干身内の恥を晒すことにもなりますが、立ち上げのことを話します。またお話しすることの多くは『大学教育アントレプレナーシップ』（ナカニシヤ出版）という本にも書いていますので、こちらも合わせてご覧いただけたらと思います。

　アントレプレナーとは起業家、アントレプレナーシップとは起業家精神という意味です。そして、全国の大学で教育成果を上げるために創意工夫や苦労をなさっている教職員の方々を、私は大学教育アントレプレナーと呼んでいます。例えば、新しい教育手法を大学の授業に導入しようとすると、さまざまな障害や抵抗が必ずあります。お金・物・人が足りないし、伝統ある大学であればあ

るほど学内の制度も対応していません。しかし成果は求められるし、当事者としても当然、成果も出したい。

　そこで手弁当というか、物好きな同志を探して連携し、公式でないルートで人やお金や物を借りたりして何とか調達し、やっと成果が出せるようになると思います。成果が出せるようになると、大学や学部からやっと追認されて公式に利用できるリソースが増えてきます。こういったことを経験されている方は多いと思いますが、実はこれは企業の中でイノベーションを起こすときとまったく同じなのです。

　企業でのイノベーションは、社長が「これ、やれ」と言って最初からすくすく育ったということはあまりありません。例えば業務外の研究を自分の日常の仕事の後に細々とやって、非公式でリソースを借りて、ある日社内で日の目を見るというのが多いのですが、BLPもそれとまったく同じことだったと思います。

　当初のBLP構想についてですが、2006年度に経営学部を立ち上げるために2004年度から「経営学部開設準備室教授会」が始まりました。経営学部には国際経営学科と経営学科とがあり、国際経営学科のコアプログラムとして、英語でビジネスを学ぶ「バイリンガル・ビジネス・リーダー・プログラム（BBL）」が先に決まりました。しかし経営学科のコアプログラムはなかなか決まらない。何か作らなければということで、経営学のエリート教育をするプログラムとしてBLPがトップダウンで決まったのです。エリート＝リーダーシップというコンセプトそのものが、現在のBLPとは全く異なるものです。そして学部の開設準備室教授会もすごく反対する人もいましたが消極的賛成多数で決まってしまいました。

　それで経営学科1年次の秋学期にスタートすることになりました。担当者は当然いません。リーダーシップ教育を学部の必修レベルでやるという暴挙とも言える取り組みは日本ではわれわれが初めてで、アメリカでも学部全員必修にしているところはありません。

　私は元々は経済学者で、2003、2004年頃までは金融を研究していたのですが、経営学部がスタートする1年前の2005年春に着任したときに、「リーダーシップ・プログラムもやってくれない？」と言われ、迂闊にもというか、結果的には今の私にとっていい選択だったと思いますが、そのときに「はい」と言っ

てしまったのです。そこでリーダーシップ・プログラムの責任者になりました。たまたまそのとき、1年春学期の基礎演習で「何をやるか・誰がやるか」を決めるのに教授会で難航していました。そこで私はBLPスタートの半年前、つまり1年生に入学したときにBLPの前倒しになるものを「基礎演習」でやらせてもらえないかと提案しました。教授会では、「面倒くさいところに志願してくれる人がいるなんて幸いだ。ではやってくれ」ということになりました。これは後から考えると大正解でした。BLPの前段階の「基礎演習」は後にBL0と名前を変えましたが、それも担当することになりました。

「基礎演習：BL0」ではクラス分けに工夫をしました。クラス分けを大学事務局にまかせると、50音順など授業内容に関係のないクラス分けになってしまいます。私は、学生を男女別・学科別・出身高校別・入試区分別の属性別に、ダイバーシティを保つように優先順位を設けてクラス分けをしました。

大学全体でのBLPの認識は、この頃はとても悲しいもので、BLPの責任者として「主査」という肩書を学部では勝手に呼称したのですが、この主査という肩書きは大学の正規の資格ではありません。主査手当はもちろん存在しませんし、主査になっても授業コマは減免されません。こんなことをやるのはよほどの物好きな人だけです。

当時「基礎演習」は15クラスでしたが、火曜日の3限、同一時間帯に15クラスを同時に開講したいと要請したら、「前例がない」ことが最大の理由で、教室がないとは言われませんでしたが、結局は受け入れてもらえませんでした。その結果、2006年度、2007年度の「基礎演習」15クラスは火曜の2限に7クラス、3限に8クラスと分かれて開講していました。私は両方のクラスを見る必要があるので、2限も3限も見ますし、ゲストの方が来られたときは一緒に2限、昼休み、3限とずっとアテンドしています。SAもクラスに入っていますが、SA自身が2年生なので本人の授業が入っているコマはダメですから、2つの時間帯に分かれていて人選が大変です。つまりオペレーションに無理があります。

そこで2008年度に再交渉し、「基礎演習」15クラスを同一時間帯にとれなければ「基礎演習」を止めると言いました。もし、「基礎演習」を同一時間帯で実施できないのであれば、理由は「前例がないからだ」と議事録に残してくれと言いました。そこまでの決意だったので、通じたのだと思います。それから相手にしてもらえるようになりました。

(4) BLPの成果

ではどうして、そんな境遇で続けてこられたのでしょうか。

それは「報酬」があったからです。と言っても金銭ではなく、私たちへの最大の報酬は学生の変貌でした。

① まず客観的に分かるのは、ポートフォリオに蓄積されていく「リーダーシップ持論」の進化でした。リーダーシップは数量で測定できないというのが世界の定説なので、そこはあきらめていますが、持論が進化するということははっきり見えます。

② あとで学生の声を紹介しますが、授業改善・学部改善のための提案を学生が持ってきます。全部は採用できませんが、しょっちゅう採用しています。

③ 授業ではみんなが真剣でそれを茶化す者もいない、ということが以前と変わりました。

④ 授業後や空き時間の図書館は、経営学部生であふれるようになりました。彼らは5～6人のグループ別で集まって勉強をしているので、静謐を要求する図書館で騒々しい存在でした。ところがいつもいるので次第に図書館から認知されるようになり、最近は各大学でアクティブラーニング・スペースが増えてきていますが、その先鞭をつけることになったと思います。

⑤ 休学・退学率が非常に低くなりました。有り体に言うと、立教の学生には早稲田や慶応を落ちて入学してくる学生が多かったのですが、今では仮面浪人などまったくいません。半年、1年と授業を受けるうちに経営学部が好きになって、そのまま進級していきます。中退理由は経済的理由だけになっています。

⑥ 友人を作るためならサークルに入る必要がありません。これは本来は当たり前なのですが、大規模な私大では、大教室の授業ばかりなので教室の中で友達ができません。だから友達を作りたければサークルに入るしかない、というおかしな話がずっと続いていました。経営学部に関しては、入学した1学期に、正確にはもっと前のウェルカムキャンプから20人の単位で行動しグループワークを頻繁に行いますので、いやでも友達ができます。友達を作るためにサークルに入る必要はまったくありません。むしろ、入学式あたりに勧誘されてサークルに入ったものの、必要がないのでやめるという学生が続出しました。

⑦あとで卒業生を紹介しますが、卒業生が活躍していて後輩の激励にも来てくれます。
⑧付属の小・中・高がある私立大学では同じ悩みがあると思いますが、内部進学者が問題児化する傾向があります。しかし、今、経営学部では問題児どころかとてもがんばっていて、SAにも大勢が志願してくれます。
⑨SAの志願者倍率が3倍ぐらいにまで伸びていて、最近は公募制で志願者に手を挙げてもらい、成績・ポートフォリオ・面接などで絞っています。決して有利なバイトではありませんが、倍率が高いのです。
⑩大学内部公式アンケート調査によると学生の学部満足度はナンバーワンです。
⑪学内の学生が作っているフリーペーパーでは、毎年、在学生間の「あこがれ学部ナンバーワン」にもなっています。
⑫入学難易度も着実に上昇しています。この7〜8年の間に5か6は上がっています。

(5) 大学教育アントレプレナーシップ

こういう状況にまで持ってくるには、教員・学生たちのリーダーシップに基づくアントレプレナーシップが必要だったわけで、その例をいくつか紹介します。

先程触れたので簡単にしますが、①「基礎演習」をBLPに編入するということは、仕事を増やすことにつながります。そして②教室問題です。こういうことは成果を出すために必要なのでやりました。

③SAの組織化に関しては、当初SAは大教室の授業のみで雇用が認められていました。配布物を配ったり宿題を回収したり、出席をとるのが大変なので、その手伝いをするために雇うというものでしたが、BLPは少人数でもピアサポートが必要なので1クラスに1人SAを認めてほしいと粘りました。これは認められました。ところが2006〜2007年頃当時は15クラス分のSAが15人いましたが、それぞれ孤立して横の連携がありませんでした。そのためにBLPプログラムに批判的な教員のクラスのSAは大変でした。教員によっては他のクラスとは違うことが行われて学生は困惑するし、SAはもっと困惑するという2年間を経験しました。

幸い2008年に文部科学省のGPをいただいたので、GP予算でSAの横の連携を強化するために研修や合宿を始めました。当初、SAで合宿をしたいと申請すると学内で「合宿はゼミしか認められない」からダメだと言われました。でも私が応募書類を書いて文部科学省からいだたいた予算なので発言権もあると思い、「では文部科学省に電話してくれ」と言いました。文部科学省からは「大いに結構」とあっさりOKが出ました。それ以降、合宿・研修を毎年やっています。現在ではBLPのSAは教員の同僚に近いポジションにいます。教員と共に学期の開始前に1〜2か月をかけて授業計画作成・研修などを行っています。

④勤務時間外の教員・SAの会議もBLPの成功のために取り組みました。リーダーシップを涵養するという教育目標に共鳴した専任教員や多くの兼任教員がミーティングに参加してくれました。兼任教員の方々はほぼ全員が企業で働いていたり、自分で会社を興して企業研修などをしている方なので、長時間大学にいるとご自身の機会損失、つまり他でお金を稼ぐ機会を失っていることになるのですが、それでも毎週授業後にミーティングに参加してくださり、今日の授業の問題点は何か、それを来週までに改善する方法はないか、などということを検討しています。その席上でSAは学生としての立場、および1年上級から後輩を見るという立場を活かして改善を手伝ってくれています。

新しい教育方法を導入するとき、この"新しい"という意味は世界的に新しいということではなく、その大学ではまだやっていない、という意味ですが、このとき教員はアントレプレナーシップを発揮せざるを得ません。非公式なルートでお金や人や物などの資源を調達し、時には自費を出すことも必要になります。成果を出すにしたがって公式なルートでも認められるようになる。この事情は大学でも初等・中等教育でも同じではないかと思います。それから民間企業でのイノベーションも実は同じです。アントレプレナーシップとはリーダーシップの発露です。

BLPの場合、アントレプレナーは誰なのかというと、リーダーシップという教育目標に共鳴して、経済的にはペイしない仕事をしてくれた多くの兼任教員を含む教員です。それから改善提案をもって来てくれた学生です。協力してくれた職員もそうです。職員はみんなが反対していたのではなく、反対していたのは一部です。今ではほとんどが協力してくれています。

企業内のアントレプレナーや自分で起業するアントレプレナーの場合は、成功すると経済的報酬があります。ところが大学の中での教育アントレプレナーは、学生の成長という嬉しい報酬がありますが、経済的には全く報われません。

これをどうするかという問題ですが、教育改革を阻んでいる大きな原因の一つに、教育面での成果に学内で報いる方法が不足している、という問題があります。学生の成長に関心がある教員にしか報酬と感じられないのです。

では研究はどうか。例えば授業は適当にやって研究を熱心にやり、論文をたくさん積み重ねると、他の大学から声が掛かることもあります。これは明らかな報酬です。

教育に関しては、これまで経済的報酬があまりなかったように思いますが、今後はそうしたことも重視されるようになるのではないかと想像し、期待もしています。

(6) 教育目標としてのリーダーシップの社会的意義

経営学部のBLPと全学版のGLPで教育目標としているリーダーシップの社会的意義を簡単に示したいと思います。これまでBLPは「必修・大規模・密な産学連携」と「アクティブラーニング」で主に評価されてきましたが、本当の特徴は、教育目標である「権限・役職・カリスマと関係のないリーダーシップ」なのです。

学内外に先行事例がないプログラムなので、リーダーシップを教える教員にもリーダーシップが必要だという巡り合わせになっています。

伊賀泰代さんが書かれた『採用基準』(ダイヤモンド社)の出版前後から、急速に日本でも認識が広がりましたが、権限とも役職とも関係のない、カリスマも必要ない、人間が2人いたら成果をあげるためにはリーダーシップが必要だという広い意味でのリーダーシップが実はとても大事です。グローバル人材というときに、英語と同等か実はそれ以上に大事なのがこのリーダーシップです。

「船頭多くして船、山に登る」という言葉があります。今の学生たちはほとんど知りませんが、35歳以上ぐらいの方はご存じでしょう。実はこの船頭たちにはリーダーシップがないのです。もしリーダーシップがある船頭が集まっていたら、「今日はキャプテンクラスが大勢集まっているから俺は掃除をしよう」という人も出てくるはずです。成果目標のために自分を変えられる人こそ

がリーダーシップがある人だからです。そういう意味でのリーダーシップを育成しようというのが、このプログラムの最大の特徴です。

　これは常々学生に言っているのですが、自分の生活や授業で不満があったときに、苦情として伝える、Aを買っていたのをBに変えるだけ、あるいは返品するなどは消費者的行動です。今の高校生や大学生になろうという人たちは、消費者としてものすごく洗練されています。使えるお金もわれわれが若かった頃よりはるかに多い。消費者の立場に慣れきっているのですが、彼らにリーダーシップを教えるときは、「まず不満を提案に変えて実現しそうなところへ持っていく。あるいは仲間を募る。これが第一歩だ」といつも話します。

　つまりリーダーシップ行動というのは、①成果目標を設定し、②成果目標の実現のために自分で動く。③一人だけでやっているとグループの中でワンマンになってしまうのですが、周囲の人も動いてくれるように働きかけて、動けない人がいたら支援する、というのがリーダーシップ行動です。

(7) アクティブラーニングのためには学生のリーダーシップが不可欠

　そしてここが言いたいことなのですが、アクティブラーニングのためにはリーダーシップが不可欠です。これは最近思い至ったことで、今日ここで初めて申し上げます。

　というのは、普通は大学にいる学生の大半にはリーダーシップはありません。高校の教育環境が単方向的なことが多いので、リーダーシップを奨励しない歴史が続いています。そのせいもあってリーダーシップをとることを促されたことのない学生が大学に入学してきます。そして、教員が自腹を切ったり苦労してアクティブラーニングの環境を作ったりしても、肝心の学生にリーダーシップを発揮した経験がなければとても難航するわけです。

　リーダーシップのない学生が単に「能動的」「主体的」になるだけだったら、教員と一対一の師弟関係を求めるとか、自分一人で考えて資料を探すとか、そこまではできますが、周囲の学生を巻き込んでクラス全体が「学習する組織になる」という本来のソーシャルなアクティブラーニングに至るためには、先程申し上げた①成果目標の設定、②その達成のために自ら行動し、③周囲を巻き込むという3段階のリーダーシップ行動が不可欠です。

　こういう点は「社会人基礎力」や「能動性」、「主体性」というタームでは表現

できていません。そういう意味でアクティブラーニングの前提条件が、教員のリーダーシップはもちろんですが、学生のリーダーシップにあること、したがってアクティブラーニングのクラスを実効性のあるものにするにはリーダーシップ教育をまず先に行うべきだというのが私の持論です。

それから企業と同様に、教職員たちにも継続的なリーダーシップ研修が必要です。これも導入するには抵抗がありそうですが、これをやると学内に教育アントレプレナーが増えると思います。それから大学内にリーダーシップ教育体制があれば受講生は学生ばかりでなく教職員も含められますから、インハウスで実施できます。外部のコンサルタントを雇わなくて済みます。

私はリーダーシップ教育を立教大学経営学部の特色にしようとしてこれまで8年間やってきましたが、2012年にアメリカのリーダーシップ教育の先達を招いてカンファレンスをやって、アメリカでは1990年代からほぼ全ての大学に、大小の差はありますがリーダーシップ科目ができたことを知り驚愕しました。その中には学生部が中心になってやっているところもありますが、リーダーシップ教育の重要性についてはアメリカでもますます認識されています。

つまり日本の全ての大学でリーダーシップ教育があっておかしくないということです。ましてアクティブラーニングを推進しようという大学であれば、必ずリーダーシップ教育をやった方がいいと思います。というわけで、私はリーダーシップ教育を立教大学だけの特色にしようというちっぽけな考えは捨てました。この普及のためには全国どこにでも参ります。そういう全国のハブとしての役割を、立教大学が担ってまいります。

では、続いて学生たちに実態を話してもらいます。

(8) 学生・卒業生のBLP体験談
〈経営学科2年　河合 杏奈〉

はじめまして。立教大学経営学部2年の河合杏奈と申します。本日は学生代表として、1年半の間BLPプログラムを受けてきて、それを通して自分がどう変化したのか、その変化をどこで発揮したのかについてお話しします。

まず今回の話の前提としてリーダーシップに必要な行動軸とは何かということをテーマにしてお話ししたいと思います。

入学当初、BLPの最初のステップのBL0を受けた際、私はいわゆる学級委

第1部　「学び」の質を保証するアクティブラーニング実現のための提言と実例　35

員タイプでした。グループワークをしている際には自分がどれだけ頑張るか、どれだけ貢献するかが軸となっていました。BLPの中でプロジェクト・コンテストがありますが、それに向けての話し合いが合意に進もうとするときは、自分が頑張れば何とかなるというように、自分を中心にした行動軸でやっていました。しかしそれではまったく結果が出せず、プレゼン大会も予選で敗退しました。

　自分は頑張ったのになぜ結果がでないのか。それが悔しくて、BLPアドバンストという非正課のプログラムで上級生と一緒にチームを組み、その上級生の姿や以前の自分の経験から、次はチームやメンバーを行動の軸としてやっていこうと考えました。つまりチームが動いたら、それをフォローアップするために自分がどう動いていくかという点を考えて行動するようにしました。

　実際にそのBLPアドバンストでは優勝して成果は出せたのですが、いまいち自分が何を貢献できたのかが分かりませんでした。だから結果に満足できなかったのです。「自分」または「チームメンバー」のどちらか片方だけの軸では、相手にとっても自分にとっても最大の成果にはつながらないのではないかと考えました。ではどうするべきか、そこを現在も模索中です。

　今年の3月にはコンテストの優勝賞品でインターンをしていましたが、そのときはもう一度自分にフォーカスして行動し、その後の4月からSAを務めた際にはクラスを行動の軸としてやるなど、今も試行錯誤を繰り返している最中です。

　またBLPを通して多くのクライアントの方に提案をしていくわけですが、自分が置かれている環境や状況の中で問題点を見つけたらどう改善するのか、ということを提案に盛り込めるように心がけました。そういった変化を機に、現在は経営学部の団体に所属して、ある企画のチーフを務めています。

　その企画への参加者は年々減少しているのですが、そこを変えたいという自分の思いと、参加者減少の中でメンバーのモチベーションが下がってしまっているので、そこをどう巻き込んでいくか、つまり「自分」と「チームメンバー」の2つの満足に対し、どう成果を上げていくのかというところが、私の今の挑戦となっています。

　この疑問に明確な答えはないとは思っていますが、「自分」と「チームメンバー」という要素を考えながら経験を積み重ねていくことが、リーダーシップ

開発ではないかという持論を持てるようになったのが、1年半のBLPを通しての私自身の変化と学びです。

〈経営学科2年　上村 啓輔〉

　僕もBL0とBL1・BL2を受講して、いろいろな意味でリーダーシップを学ぶことができました。今日はその学びを活かして実際に経営学部が目指している提案型のリーダーシップを発揮した事例をご紹介したいと思っています。

　先程お話があったように、日向野先生のアントレプレナーシップでBLPが発足してきたのですが、この7年間カリキュラムは毎年進化を続けてきていると聞いています。具体的には新しい制度であったり、見つかった改善点を翌年すぐに試したりして進化しているのですが、それらの提案や改善案は学生とBLPを運営している教員の方々の提案によるもので、それらによってカリキュラムは進化しているというところが一番特徴的だと思いました。

　そして、先週、河合さんと私ともう一人の学生の3人で、実際に日向野先生に来年度のBL0の改善について提案をしてきましたので、その内容をご紹介したいと思います。

　まず、僕たちがなぜそういう提案をしたのかという背景を先程の河合さんから話していただきます。

〈河合〉

　再度失礼します。河合です。BLPの改善提案を出すきっかけとなったのは、前期の後半に行ったSA同士の振り返りです。

　SAの業務をやっている中で、常に「このプログラムはどうなのか」と試行錯誤して行ってきたものの、振り返ってみるとやり切れなかったところや伝えきれていないところが多々あり、そういうことをまず認識しました。そこで、「振り返り」そのものがSAには学びになるのですが、それを学生に還元しないといけないと思いました。

　これまで多くの先輩方が毎年提案を行ってくれて、BLPを成長させてくれたことを見習って、私たちもBLPをもっとよくするために学生の学びに還元するために、何ができるのか。SAを経験してそういった改善点を見つけた私たちが提案すべきではないかと考えるに至りました。

改善案の概要ですが、それはBLPのプログラムを一新するのではなく、既存のプログラムを調整して良くするというものです。BLPでは、リーダーシップ開発と知識の必要性を知ることが授業の目標となっていますが、この「知識とリーダーシップのカリキュラムのバランス」や、「SAが受講生の学びを最大化するためにどういう役割をしていくべきなのか」という問題の解決策を、改善案として日向野先生に提案しました。

〈上村〉

河合さん、ありがとうございます。今回僕たちが提案した中から実際にいくつかは来年度に試そうということで採用してもらいました。その内の一つをご紹介します。

採用されたのは「学生主体」というものです。それはどういうものかと言うと、BLPにはSAという制度があり、受講生の一つ上の学年の学生がその役割を担うことになっていますが、この役割を受講生にやってもらおう、というもので、来年度からやってみようということにしています。

狙いは、1年生の学生にとって実際にグループワークでプレイヤーとしてリーダーシップを学ぶという側面は重要ですが、ときにはチームから一歩引いた目線で「どうやったらチームがよくなるか」と考えるコーチとしての側面からリーダーシップを開発できるのではないか、ということです。そこから「学生主体」という提案をしました。提案の内容は以上です。

今後は、経営学部の提案型リーダーシップというものを通してBLPをより一層いいものにできるよう行動していきたいと思っています。

〈2011年度卒業生　成田 遙〉

2011年に立教大を卒業し、現在はプラスチック部品のメーカーで総務をしています。

私が今回お話ししたいのは、学生時代にBLPを受講し、そしてSAを担当した経験が今の社会人としての私にどう影響しているのかについてです。

BLPで一番思い出に残っている言葉があります。それは日向野先生からの「コンテストが終わったら、それで終わりですか」という言葉です。大変厳しい言葉を1年生の前期が終わるときにいただきました。先生、覚えていらっ

しゃいますか。

　というのは、1年生の最初のプロジェクトが「西池袋を活性化させてください」というものでした。西池袋にラーメン店が多いことに着目して、ラーメン店マップを作るというプロジェクトを進めて、準優勝することができました。大変嬉しくて先生に報告に行くと、そのような言葉を受けました。大学生最初の夏休みが目前でしたので、「先生はいったい何を言っているんだろう」と感じました。私たちは準優勝までしたし、それで十分ではないかと、私の中ではそこで終わってしまいました。でも、プロジェクト・コンテストが全てではないということをその後すぐに知ることになったのです。だからその後、2年・3年ではプロジェクトが終わっても、また、2年前期に任されたSAにおいても、その後の改善に向けてさらに提案するということを実行してきました。

　それだけではなく「SAが終わったら全て終わりですか」と自分に問いかけました。しかし2年生の後半は、私はSAに落選してしまいました。前期の半年間頑張ったのに後期は選ばれなかったのです。そうなったとき、自主的に私は学生レポーターを買って出て、BLPをもっと多くの人に知ってもらおうと新聞を作ることにしました。最初はボランティアで作り、それをいろいろな先生のところに持っていく、あるいは他学部生に配るという活動をやっていましたが、それが認められて今では時給制の公認の活動になっています。

　このような改善のブラッシュアップというのは、実は社会に出てからも大変重要なことだと思っています。

　私が勤務する会社では年に1回、業務改善発表会というものがあります。私は2月から活動をスタートし、7月に「もったいないプロジェクト」として発表しました。会社にある備品について「欲しい」という人と「いらない」という人がいます。この情報を結びつけたいという思いで、備品の情報共有システムを作りました。このプログラムを7月の改善発表会で発表し、優勝することができました。

　日本では従業員600人規模の企業ですが、グローバル企業なので9月にタイで企業内グローバル発表会が開催されました。そこで全て英語で発表し、審査員特別賞をいただくことができました。そしてここで終わらず、そのときに出会った海外の拠点の人たちと今は「備品のもったいない」、もしかしたら今後は「エネルギーのもったいない」などにもっと大きくなるかもしれませんが、

そういうプロジェクトを進めています。

　言われて提案して終わりではなく、その先のステップに進もうとすることが当たり前となっている思考は、BLPを受講してきたからだと思います。「そこで終わりではない、さらに次があるんじゃないか」。そういう思いを認めてくれる環境が、立教大学経営学部のBLPにはあるのではないでしょうか。

【参考文献】
武石彰・青島矢一・軽部大『イノベーションの理由』有斐閣、2012
伊賀泰代『採用基準』ダイヤモンド社、2012

2. 教員の協働で実現されているアクティブラーニング事例：
名古屋学院大学経済学部総合政策学科

名古屋学院大学経済学部

経済学部長・教授　伊澤俊泰

【Summary】
□基礎を学んでから実践ではなく、実践してから基礎へ
- 先に応用や実践の現場を学生に体験させ、実際の世界では基礎知識が重要だということを気づかせるカリキュラムに転換。
- キャンパスのある瀬戸市との連携で、地域活性化をテーマにした高次のアクティブラーニング科目を設置。

□教員の協働の広がり
- 少数の教員がアクティブラーニングを始め、学部全体に広がった。
- 高次のアクティブラーニング科目を中心に専門科目間の連携が生まれ、座学講義にも身近な題材が取り入れられるようになった。

□合同授業で2年生が1年生を指導する
- 商店街活性化の授業を、1年次と2年次の2段階で学び、2年生は1年生を指導することにより、専門的な知識がさらに深まっていく。

□1～4年次にプレゼンテーション大会に参加
- 1年次から4年次まで、課題発見・解決型のアクティブラーニング科目に取り組み、その成果をプレゼンテーションして評価されることを繰り返す。
- 経済学部のすべてのゼミが参加することにより、ブラックボックス化していたゼミの見える化・透明化につながった。

(1) 名古屋学院大学の紹介

　まず本学を簡単に紹介します。アクティブラーニングを取り入れる上で大学そのものの特徴が活きている部分があるからです。

　まず私たちの大学はキリスト教主義のプロテスタントの大学で、現在6学部あります。経済学部は最も古い学部で、2014年に創立50周年になります。愛知県という場所は、地元大学への進学率が日本で一番高く、70数パーセントに達します。ちなみに次は北海道、そして福岡の順です。ずっと地元で育ち地元の大学に通うという人が多く、またものづくりや製造業の拠点も多いため、

昔から大学には実学性が求められる土地柄であり、本学も実学教育を謳ってきました。

それから、本学はマンモス校ではありません。学生数は5千数百名の中規模大学なので、丁寧に教育していくことに力を入れています。例えば、学生の拠り所となる場所を作り、学生がいろいろなことを相談できる場を教職員で作っています。名古屋キャンパスの「エス・プラッツ」、瀬戸キャンパスの「瀬トーク」などの場所は授業でも活用されていますし、教員と職員でSAやTAを育成する場にもなっています。

それから、大学が始まった頃からコンピュータや情報技術に詳しい人がいて、ICT（情報通信技術）を教育に取り入れることに全学的に熱心です。特に経済学部は熱心にやってきました。教職員と学生をつなぐポータルサイト、CCS（キャンパス・コミュニケーション・サービス）に大きな機能を持たせています。

本学は50年程の歴史しかありませんが、留学の提携校もこの規模の大学としては世界75大学以上とかなり持っている方で、留学生が常にキャンパスに存在しています。

さらに、教育プログラムの開発研究が熱心で、アイデアマンの同僚も数多くいます。そこで経済学部をはじめ全学で、文科省のGPプログラムに応募してまいりました。経済学部では単独で3つのGPプログラムが採択されています。

(2) アクティブラーニングの始まり

どのようにアクティブラーニングを始めるに至ったか、という系譜を簡単にお話しさせていただきます。まず2000年4月、450名の経済学部経済学科を分割し、経済学科（300名）と政策学科（150名新設）の2学科に改組しました。さらに1年次から4年次まで演習を配置し、丁寧なアクティブラーニング型の授業を行っています。

政策学科という新しい学科を設けたことで、スタッフも教える分野が広がりました。ところが本学もこの頃から入試が多様化し、入学生の基礎学力水準の分散・バラつきが拡大しました。以前に比べると、座学スタイルで基礎理論を教えていくスタイルでは反応が鈍く、限界を感じるようになりました。

ご存知のように、経済学はスタンダードな教育手法がしっかり確立されていて、基礎から応用まで世界中ほぼ同じようなフォーマットで教えられるように

なっています。そこでは基礎理論が大事ですが、これがかなり抽象的です。これを積み上げて教えていこうとすると、学生たちはついていけなくなります。抽象化する力が弱いんですね。あるいは基礎的知識が欠けている学生が増えています。そこで2000年頃から教育手法を変えなくてはならない、という意識がありました。

　また2000年当時、本学、あるいは全国でもそうですが、次のような問題がありました。瀬戸キャンパスがある名古屋郊外の瀬戸市は陶器で有名ですが、昔は賑わっていた商店街が空洞化するという悩みを抱えていました。そこで地元経済界から大学に相談が持ち込まれました。この瀬戸市は1997年に愛知万博「愛・地球博」の開催が決まり、そのホストシティの一つでした。会場は里山で、その自然環境を守るという環境保護の運動が起こり、万博という大きなイベントを開催する街でありながら揉めることもあり、環境問題について議論する場ができました。そこから、ホストシティとしてイベントの活性化に力を入れるだけでなく、なんとか瀬戸をもっと元気にできないだろうか、という話になりました。

　一方で、この頃全国的にニート・フリーターの増加が目立ち、特に2000年頃から高卒の就職状況がかなり悪くなりました。そして就職状況が厳しいから大学に来た、という入学動機を持つ学生も現れ、やる気・モチベーションが低い学生が増えました。はっきり言って「このまま世の中に送り出していいのだろうか」という学生も増えてきました。後に社会人基礎力と呼ばれるアクション・シンキング・チームワークなどのスキルを教えていかなければという危機感を持ちました。

　そこで、経済学では、基礎から応用へというステップがスタンダードとして確立されてはいるのですが、それを逆転させてみようとなったのです。つまり、最初に基礎を教えてもピンと来ないのであれば、応用や実践の現場を先に見せて体験させて、その感覚を大事にしようというものです。現場体験をすることで実際の世界では基礎的知識が重要だということを気付かせる。これを何人かの教員がやってみたいと声を上げ、実践型・体験型教育をするようになりました。これがアクティブラーニングの最初の導入でした。

　最初は「コミュニティビジネス実践講座」、これは後に「地域活性化研究」という名前に変わりましたが、これを正式にカリキュラムに入れました。商店街

の空き店舗を借りて学生がカフェやショップを運営するという、学生が大学の監督下で一種の会社運営をするものです。会社ですから簿記や利益計算等を通して経済学に近い概念の重要性にも気づきます。またカフェを通して万博のこと、環境問題のことなどにそれぞれ意見を持った人が集まってワークショップを開いたりと、これは街の中にキャンパスをもう1つ作るということにも匹敵しますが、そうした取り組みがここで始まりました。

そのような状況の中で、堅い座学講義も影響を受け変化しました。運営しているカフェのこと、万博のこと、里山のことなどが学生にとり身近な素材になり、問題意識が生じるようになりました。これに応える形で身近な題材の講義が増えてきました。

また、アクティブラーニングに関しては、次のような「スパイラル方式」を導入しました。それは、商店街活性化の授業を下級年次と上級年次の2段階で学ぶものです。1年目で経験した学生が2年目にもう一度、商店街活性化のカフェ運営をします。実践型授業ですので、2年目では運営について上級の知識を学ばせます。また、上級生が1年生をコーチング・指導します。このようなスタイルでまちづくり・地域活性化に関わりながら、スパイラルアップして知識を高めていくという学習方法です。

これらがアクティブラーニングの最初の萌芽のような形として経済学部で取り上げられていきました。この学習で揉まれた学生は成長し「なるべく目立つ所で成果発表をしたい」と言い始めました。

そこで経済学部として規模の大きな研究発表会を正式に始めました。すべての経済学部ゼミが対象で、ゼミ内で選抜し、学内で予選を行います。予選では教員と学生が評価・投票をします。最後に優秀者が本戦で争うというものです。

開始当初から数年は、「地域活性化研究」など課題解決型のアクティブラーニング授業選択者が成績上位に並びました。ゼミはどうしてもブラックボックス化しやすく、隣のゼミで何をやっているのかが教員同士でなかなか分からないのですが、全部のゼミが参加することで成果が見えることになり、「見える化」・「透明化」にもつながりました。

これらの地域関連のノウハウを通じて、2007年に現代GP（地域創生プログラム）を取得しました。これまでの地域関連のノウハウを活かし、まちづくり関連の科目を増やし充実させ、経済学部の経済学科・政策学科共通のプログラム

として実行しています。政策学科はこの「地域創生プログラム」を立案した教員が多く在籍している学科なので、特にこのプログラムに掛けるところが大きかった面もありました。

　そして、2007年に瀬戸市から名古屋市熱田区の名古屋キャンパスに移ることになりました。瀬戸でやっていたカフェ「マイルポスト」の運営、まちづくりのノウハウなどを名古屋市に持ち込み、今に至っています。

　まちづくりを通じて地域にこだわり、学生にとって身近な地域の問題を考えるプログラムとしてやってこられたのですが、名古屋に移るまでの間も、いろいろ課題はありました。

　例えばアクティブラーニング型授業は増えてきましたが、カリキュラム全体の中の位置づけや有機的結びつきがまだしっかりとはできていないという問題です。また一部の教員の担当授業の中でサイクルが完結してしまい、他の教員への波及効果が弱いという問題。それから学生の基礎知識の欠落については以前から問題化していましたが、「え、高校で習わないのか？」と感じさせる学生がますます増えてきました。素直でいい学生なのに何でこんなことを知らないのだろうという事態です。

　アクティブラーニングで知識の重要さをしっかり肌で感じてもらいたい。そのつもりで、アクティブラーニングを推進していますが、その基礎知識があまりにも欠けていると、現場に行っても単純な見方しかできません。これではせっかくのアクティブラーニングの大きな効果が得られません。これらが課題となり、知識の定着部分と、アクティブラーニングの問題解決型の学習をもっと有機的に結びつけるカリキュラムが必要だということになりました。

(3) 経済学部の教育プログラム・カリキュラム改革

　そこでカリキュラムの改革が始まりました。

　基礎知識をきちんと定着させる、そのとき単なる講義では学生はなかなか乗ってこない。そこで、本学のネットワーク環境、ICTに力を入れていたことを利用した2つのプログラムを考案し、それがGPに採択されました。「経済学基礎知識1000題」・「経済学コア6」は、基本的にはCCS（学内ポータルサイト）内にeラーニングをビルトインし、スマートフォン・携帯・PCどれでもアクセスでき、いつでもどこでも問題が解けます。そして解くと解答・解説が見ら

れるという仕組みです。

　一方で紙媒体も使い、詳しい説明のついた演習書で平常の授業進行に合わせてクロスメディアで学びます。こういった知識定着型の施策をやってまいりました。

　そして、2012年に「政策学科」を「総合政策学科」に名称変更しました。社会科学の領域を広くし、担当スタッフも増強しました。狙いはアクティブラーニングの部分をもっと有機的に拡大し、知識定着型の一般的アクティブラーニングと、課題解決がベースとなる高次のアクティブラーニングを連携させる、というものです。総合政策学科の全教員が協働できるような仕組みにすることを狙いました。

　カリキュラムの運営についてですが、教授会で平場で議論をするには限界があります。GPプログラムを取るときに設けた委員会を母体とする教員有志でアイデアを作る委員会を作り、そこでさまざまなアイデアを出してもらっています。先ほど紹介した「経済学基礎知識1000題」・「経済学コア6」などのeラーニングのプログラムも、ここから生まれました。

　一方で、経済学部には学科が2つありますが、「総合政策学科」に名前を変えたとき学科の特色がかなり明確に分かれるようになってきたので、カリキュラムの特色づくりや運営権限は学科評議員会議にかなり任せてしまいました。むしろ学科間でいい意味で競争してもらい、かなりでき上がってきたものを教授会で承認してもらう、というスタイルでやってまいりました。

(4) 総合政策学科カリキュラムの進行

　それでは、本日のプレゼンテーションのメインである、総合政策学科のカリキュラム設計について説明します（**図表8**）。

　この中で、「現代社会入門」と、自学自習のeラーニングのプログラムである「経済学コア6」、そして「基礎セミナー」は一般的なスタディスキルを学ぶものです。「デジタルプレゼンテーション」は、プレゼンテーションの技術や手法を学ぶのですが、これらを連携させ「政策コンペ」を行います。7月から8月にかけて1年生がいきなり問題解決に取り組むというイベントをやって2年目が終わりました。

　このような形で3つの授業と1つのプログラムを組み合わせて相互に連携し、

	1年春	1年秋	2年春	2年秋	3年次	4年次
講義科目	現代社会入門	総合政策入門	社会調査入門ほか		まちづくり政策論ほか	
e-learning／自学自習	経済学コア6および対抗コンペティション					
ゼミナール（演習）	基礎セミナー		→演習（ゼミ）→		→政策演習（ゼミ）→	政策演習・卒業研究
一般的AL	デジタルプレゼンテーション	データ表現技法				
高次AL			プロジェクト演習A	プロジェクト演習B	地域創造特講	
イベント	「政策コンペ」		「政策フォーラム」			卒業研究発表会

図表8　総合政策学科カリキュラムの進行

プレゼンの手法は「デジタルプレゼンテーション」で学び、スタディスキルは「基礎セミナー」で学び、調査の手法を覚え、「経済学コア6」では毎月変わるテーマごとに問題が60問ずつ出されるのですが、そういうものからヒントを得て基礎を学びます。

さらに「現代社会入門」ですが、これは「基礎セミナー」のクラスがいくつか集まって1クラスになるように編成されています。その授業の中で「今、政策コンペの運営はどうなっている？」のような声が担当教員から学生に掛けられ、「今こんなことをやっています」というようなやり取りが出席している学生との間で行われます。そうすると、「基礎セミナー」の進行が遅いクラスには、「他のゼミはあんなに進んでいるのにウチは遅れている」と、学生が先生を後ろからつつく、そういう仕掛けが機能しています。

政策コンペティションは大学のホールで行いますが、4つぐらいの大テーマに基づき、いくつか課題を出し、それについて考えた結果を発表します。身近なことで「こうすればよくなる、改善できる、世の中がよくなる」ということがあれば、それについて解決策を考えるわけです。政策というのは政府や自治体がやる大きな話ばかりじゃなく、目の前の課題を解決する、まさにアクティブラーニング的な話です。あまり構えずに考えましょうと、このようなコンペティションをやって予選も含めて優秀なゼミを表彰するという仕組みをとっています。

例えば格安航空券、大須商店街（名古屋の活気ある商店街）、国際協力、ボランティアなどのテーマは、今年の1年生が教員の指導・サポートの下で取り上げたものの一部です。

このように1年生の春にいきなり大勢の前でプレゼンテーションをするという試練を与えるので、多くの1年生は、かなり目を白黒させます。いきなり現場に放り込むので彼らは大変な思いをすることになります。

1年の秋には「総合政策入門」という学科の名前を冠した授業があり、全員履修します。これはずっと担当する統括教員が一人いて、毎回の授業は基本的には座学です。ただ、単なる講義ではなく、総合政策学科の各分野の教員が毎週、入れ替わりで交代に授業に入って、司会役の統括教員がコーディネータとなり、2人で対談型の授業をします。例えば、経済学専門の先生と法律専門の先生に政策という観点から経済学や法律にはどんな意味・役割があるのかということをなるべく分かりやすく、かつ少し学問的に話をしてもらいます。このようなチームティーチングを行い、学生からのコメント・質問も受け入れる授業をやっています。

基本的には座学で総合政策の考え方を学ぶことがポイントですが、そこで求めるものは、かつて1年の春に「何か政策課題を解決せよ」、「それを大勢の前でプレゼンせよ」とやらされたときの記憶を思い出して、自分たちがやったこと、集めた知識、考えたことが、幅広い社会科学の分野の先生たちの言葉とどこがどう結びつくのか、それらを授業の中で振りかえることです。

1年生が春に総合政策とは何だか分からないまま走りだしたが、秋になって自分たちがやったことはこういう位置づけになるということを知り、2年次以降の専門履修のプランを立てるときの手掛かりにしてもらおうと考えています。あえて「総合政策入門」を春ではなく秋に設置し、実践の政策コンペティションを春に行う。そういう逆転型の授業をやっています。

もちろんこれは協議会でも意見はさまざまです。当然、順番はやはり順当な方がいいのではないかという声もありますが、これまで2年間やってきて、先に課題解決型のアクティブラーニングで体験させて、秋にその振り返りをさせる方が効果的だと感じています。

2年次になるとさらに高次のアクティブラーニングに段階を踏んで取り組みます。「プロジェクト演習」というフィールドワークを中心とした学習です。比較的少人数で、現場で問題解決型の学習をします。かつて政策学科だった頃までは、地域の政策に詳しい一部の教員が回していたのですが、総合政策学科になってからは多くの教員がフィールドワーク型の授業を取り入れています。

また社会学の教員もいるので、テーマは地域政策ばかりでなく、政治や男女交際などテーマのメニューも広がり、多くの教員にアクティブラーニングに取り組んでもらうという形になってきています。

「プロジェクト演習」から1つ紹介します。「ミツバチ・プロジェクト」というテーマで、大学の近くの幼稚園児を大学に呼び、学生がハチミツを絞っているところを園児に見せます。本学キャンパスは名古屋の都市部ですが屋上に養蜂施設があり、付近は住宅地と公園、ちょっと行けば熱田神宮もあり花も多く、ミツバチと縁がある場所です。最近、ニホンミツバチの個体数が大きく減ってきたということでニュースになりましたが、ミツバチの養蜂を通じて環境教育を行い、学生は幼稚園児や児童に対して教育も行うわけです。またハチミツを使ったクッキーやドリンクなどを地元商店主と一緒に開発し、地元名産品の商品開発を行うというプログラムも実施しています。

ここでまたカリキュラムの進行の話に戻りますが、4年間のゼミが配置され、その中で一般的アクティブラーニングの流れと、高次のアクティブラーニングの流れが関連付けられています。先ほど話したように1年次で座学、eラーニング、一般的アクティブラーニングを束ねて、問題解決型の課題に取り組むプログラムに取り組みます。

そして2年次の「プロジェクト演習」の成果の発表の場として、同時に2年次・3年次のゼミで自分たちの研究成果・勉強成果を発表する場として、「政策フォーラム」というイベントを設けています。この2年生・3年生が参加する「政策フォーラム」は1年次の「政策コンペ」をさらにグレードアップしたイベントです。これらを経て最終的には4年次の卒業研究につながっていきます。要するに「総合政策学科」は1年次から4年次まで問題発見解決型のプログラムを経験して、プレゼンテーションし、発表し、評価されるということを繰り返すわけです。

今年(2013年)は経済学部総合政策学科の2年目なので、政策フォーラム第1回目を11月半ばに開催します。ポスターセッション、プレゼンテーションを一般公開し、学生と教員が投票し一般の方にも評価してもらうコンペティション形式で成果を競います。

本日は総合政策学科の話が中心なので経済学科の話はあまり触れませんでしたが、経済学科も総合政策学科ほどではありませんが、同様の構造を持ってい

ます。こういった中で課題解決型の教育を受け、必ず成果発表と評価を受けるというモチベーションが上がる行事を常に組み込み、これを繰り返し、考え抜く力や行動を起こす力、チームで動く力などを身に付ける。同時に座学で学ぶ基礎知識とeラーニングで学ぶ基礎知識、この重要さを認識して4年間で巣立っていってもらいたい、このように考えています。

　最後に、本学は8月に文部科学省の「地(知)の拠点整備事業」に採択され、さらに「未来医療研究人材養成拠点形成事業」にも採択されました。実はどちらも経済学部が大きく関わっています。特に「地(知)の拠点整備事業」の核となるアイデアは、本日これまで話してきました経済学部の地域にこだわったアクティブラーニングの取り組みをまとめて、それを全学的教育プログラムに広げようというもので、それが採択されたわけです。大変名誉なことで責任も重いと受け止めています。

　『「地域の質」を高める、「地」域連携、「知」識還元型まち育て事業』というのが名前ですが、地域に貢献するのが本学の教育目標でもあります。そこに学生や教員の知識を還元していく、瀬戸市、名古屋市、行政、企業、地域との協力としてやっていくということで、いままでの地域商業、歴史観光、それから名古屋は南海トラフの問題も抱えていますので、減災福祉などの観点からまちづくり事業をさらに展開していこうと考えています。

　このように、経済学部で始めたアクティブラーニング型授業が、まずは少数の教員から学科全体へ、学部全体へ、さらに全学へと広がっていく途上にあることをご紹介しました。

　ご清聴ありがとうございました。

3. 教員の協働で実現されているアクティブラーニング事例：立命館大学国際関係学部

立命館大学国際関係学部
元副学部長・准教授　河村律子

【Summary】
□国際関係学部の人材育成目的
- 国際関係への深い知見と、国際社会における行動力のある人材を育成する。

□内容の統一が図られている初年次の基幹科目「基礎演習」
- テキスト内容の理解→報告→討議、特定テーマの考察→文章化など、大学での学びの基礎。
- 後期には総まとめとしてクラス代表を選出し、ゼミナール大会を実施。
- クラス担当チューターによる指導、TAによるレポート添削など大学院生を活用。

□基礎演習における教員協働のポイント
- オリジナルのテキストを教員が共同で執筆し、全クラスで利用。
- 学生用と教員用のガイドラインを作成し、授業の運営や成績評価などを共有。
- 突発的な問題に対しても教員間で調整し、各クラスの対応を揃える。

□PBL型基幹科目「グローバル・シミュレーション・ゲーミング（GSG）」
- 2年生全員が、国際社会のアクターに扮して、課題設定・政策決定・国際交渉などの実践を通して、国際関係を模擬体験する。
- 各科目群を縦断する科目として、学生が自分の専門を考える一助に。

□GSGにおける教員協働のポイント
- 基礎演習の中で行われていたものを独立の正規科目とし、さらに、個別の指導・評価を実現するために、より多くの教員が関わるようになった。
- 担当者会議を繰り返し、テーマの設定、学生のクラス配置などを協議。基礎演習での協働の経験を活かし、GSG資料集、GSGガイドラインを作成。
- 教員も、自分の専門外の課題に取り組むため、学生とともに学び、また自分の担当外の学生からの質問も受ける雰囲気に。

(1) 立命館大学国際関係学部の紹介

本日はアクティブラーニングの事例として国際関係学部で行っている「基礎演習」と「グローバル・シミュレーション・ゲーミング(GSG)」の紹介をしたいと思います。私は2011〜2012年度の2年間、教学担当の副学部長をしており、この実施、とくにGSGの2012年度改革に関わってきました。

国際関係学部は1988年に設置され、25年ほどの歴史を持ちます。グローバル化の進展に対して学際的学問領域が必要だ、ということから設置されたものです。本学部の設置は、国内的にも国際関係や国際系の学部が多数新設されていく発端になりました。

そして2011年度に新専攻を設立しました。従来からの国際関係学の流れを組む「国際関係学専攻(IR専攻)」に加えて、新設した「グローバル・スタディーズ専攻(GS専攻)」では、英語で学位・学士が取れます。

学部定員は305名で、内訳はIR専攻245名、GS専攻60名です。IR専攻には留学生もいますが、基本的には日本語で授業をしています。GS専攻では40名以上の留学生を世界各国から迎えています。クロス履修と呼んでいますが、IR専攻の学生がGS専攻の英語の授業を取ることができますし、GS専攻でもIR専攻の日本語の授業を取ることができます。

本日はIR専攻を中心に話をさせていただきます。

「学部が何をめざすのか」という点が重要と考え、人材育成目的・人材育成目標を明確にしています(**図表9**)。まず育成目的ですが、国際関係への深い知見と、国際社会における行動力を持つ人材を育成するということで、特に行動力に大きな比重を置いています。単に知見・知識があるということではなく、それを実際に活かしていくことができる人材の育成です。

具体的な育成目標としては、国際社会における諸問題への問題意識や知的関心。国際関係学の学問内容と方法を理解するということ。それから次の点が本日のテーマのアクティブラーニングと直接関係すると思いますが、自ら設定した問題についての学問的な分析と考察をすることです。

次が、カリキュラムの全体像です。「国際秩序平和プログラム」「国際協力開発プログラム」「国際文化理解プログラム」の3つを展開し、2年次進級時にこのうちの1つのプログラムを選択します。

「国際秩序平和プログラム」は政治学・平和学などを中心に学びます。「国際

> 人材育成目的
> 　－国際関係への深い知見と国際社会における行動力を有する人材を養成する。
> 人材育成目標
> ● 国際社会が直面する戦争、武力紛争、貧困、環境破壊、差別などの多様な諸問題について、問題意識や知的関心をもつことができる。
> ● 国際秩序、国際協力開発、国際文化理解に関わる国際関係学の諸問題の学問内容および方法を理解する。
> ● 国際社会に関して自ら設定した問題について、国際関係学の上述の諸分野の研究方法を用いて学問的に分析し考察することができる。
> ● 国際的な情報の収集・利用・処理に関するリテラシーを高い水準で身につける。
> ● 国際社会に関わる事象や主張を、日本語および外国語によって、論理的に、かつ多様な文化的コンテクストに則して口頭および文章で表現し、コミュニケーションや討論を行うことができる。
> ● 習得した国際関係学の知識を留学、インターンシップなどの学外での学びや自らの進路開拓と結びつけ、国際機関・国際ビジネス・国際NGOなどの多様な国際的舞台での実践にいかすことができる。

図表9　人材育成目的と人材育成目標

協力開発プログラム」は国際協力・環境・開発など、経済学分野のアプローチを主にしながら開発協力を学んでいくものです。「国際文化理解プログラム」は比較文化論、国際情報論、ジェンダー論等の、社会学や文化論などのアプローチを重視しながら国際関係に迫っていくというプログラムです。

　次に、カリキュラム全体像を主な科目群を示した**図表10**にしたがって説明します。「語学」が1年次から4年次に向け図が細くなっているのは、1年次に重点的に学習するという意味です。

　「基幹科目」では「国際関係学Ⅰ・Ⅱ」を全員が受講します。制度上は必修科目ではありませんが、全員が受講するものとなっています。

　2年次からは「固有専門プログラム科目」があり、先ほどご紹介した3つのプログラムの科目が開設されています。

　それから「演習科目（小集団科目）」はアクティブラーニングに直接結びつくものですが、初年次にまず「基礎演習」があり、3・4年次で「卒業演習」・「卒業論文」へとつながっていきます。従来はこれだけでしたが、以前に初年次の「基礎演習」の中で行っていた「グローバル・シミュレーション・ゲーミング（GSG）」を独立させて「基幹科目」にし、これを演習科目に近いものとして位置づけています。

　同じ「基幹科目」にもう一つ、文献講読の「国際関係学セミナー」があります。

第1部 「学び」の質を保証するアクティブラーニング実現のための提言と実例　53

	1年生	2年生	3年生	4年生
語学	英語・初修外国語・選択外国語など			
基礎科目	政治学・経済学・社会学など			
基幹科目	国際関係学・情報処理など　GSG　国際関係学セミナー			
固有専門プログラム科目		3プログラムの科目		
地域研究科目		東アジア研究・中東研究など		
演習科目（小集団科目）	基礎演習			専門演習・卒業論文

図表10　カリキュラム全体像（概要）

　2011年のカリキュラム改革において選択科目だったものを全員履修の科目にしました。演習科目ではありませんが、小集団科目でもあるという位置づけです。

　本日はこの中の「基礎演習」と「GSG」について話をさせていただきたいと思いますが、その前に教員構成について少し説明します。

　現在専任教員46名、5年任期の任期制教員8名がおります。この46名の専任教員のうち語学担当教員等を除いた35名が現在「専門演習」を持っているのですが、その研究分野は非常に多岐に渡っています。これは本学の国際関係学が、多様なアプローチで国際関係を見ていくべきものと考えているからです。狭義の国際関係論は政治学の一分野に位置づけることもでき、アメリカではその傾向が強いのですが、日本では他大学を拝見しても多分野からのアプローチをするところが多いようです。

　私自身は農業経済学の出身で、「国際協力開発プログラム」で開発と食料などを担当し、また「情報処理」も担当しています。

　これだけの多分野の教員がいて、授業を協働運営するには何らかの工夫が必要です。例えば、経済学部の教員ならば、誰でも経済学の基礎であるミクロ経済学やマクロ経済学を分かっていると思います。しかし、本学部では、農業経済学を専門とする私が「基礎演習」の担当になったら、国際政治の基本も学生

と一緒にやっていかなくてはいけません。自分の専門とは全く違う分野を扱う必要があります。こうなると、授業運営のための工夫が大切になるわけです。

こうした全体像を踏まえて、次に「基礎演習」について説明します。

(2) 初年次の基幹科目「基礎演習」

1年生が全員履修する「基礎演習」は導入期教育の一番の基幹です。IR専攻で30名弱、GS専攻では20名程度のクラスを作り、クラス担当教員がつきます。ここでの目的ですが、学生は「経済や法律ならなんとなく分かるけれど、国際関係とはなに？」という状態で入学してきますから、国際関係学への問題意識を高めること、あるいは、歴史認識・現状把握、現在どのような課題があるのかということを把握することが非常に大切です。さらには理論に関する基本的知識を身につけるなど、本当に基本的なことをやっていきます。

具体的にはテキスト内容を理解し、報告し、さらに討論する。あるいは特定のテーマを考察し文章化します。要するに大学でいかに学んでいくか、ということの基礎を作り、同時に人間関係のよき出発点ということも考えています。

本学部ではこの「基礎演習」のテキストを自分たちで作っています。1996年からこれまでに3回の改訂を重ね、現在は『エティック国際関係学』（東信堂）というテキストを使っています。このテキストに沿って授業を進めていくので

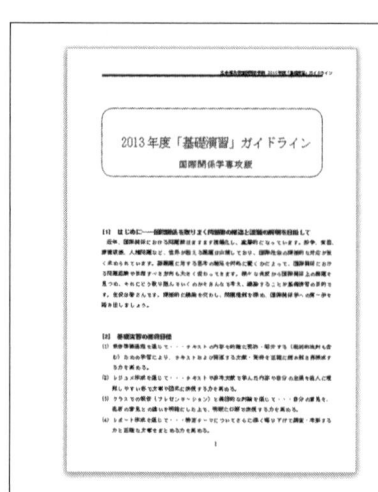

- 基礎演習の獲得目標
- 基礎演習の進め方
- 報告用レジュメについて
- レポート提出について
- チューターとチュートリアル
- 出欠・遅刻の扱いについて
- 成績評価について
- 基礎演習クラス合宿について
- 基礎演習ゼミナール大会について
- (資料) 基礎演習日程表
- (資料) 小集団クラス補助費について

図表11　基礎演習ガイドライン（学生用）

すが、「基礎演習」は10クラスありますので、学生用、教員用にそれぞれガイドラインを策定しています。

学生用ガイドライン(**図表11**)には「基礎演習」で何をするのか、具体的な授業の進め方、レジュメの作り方、出欠席の注意、成績のつけ方など、必要事項が全部入っています。

教員用ガイドライン(**図表12**)は、学生用ガイドラインの内容に加えて、クラスの管理、レポートの管理、チューターとの連携、アカデミック・キャリアチャートといって学生に学期ごとに振り返りと将来の目標を書かせるものがあるのですが、その書かせ方やアドバイスなどをかなり細かく書いています。

具体的な基礎演習のスケジュールですが、第1クールではガイダンスと班分けをします。いきなり発表させるわけにもいかないので、最初はレポートとは何か、プレゼンテーションとは何か、といったことを説明します。これには「IRナビ」という冊子を使います。これも本学部の教員が執筆したものです。国際関係学はどうやって学ぶのか、平和学とは何か、国際法はどうやって学ぶのか、情報メディアとは何かとか、さらに留学はどのように考えたらいいのかなど、多岐にわたる内容です。この冊子を1年生全員に配布し、また失くしてしまうこともあるのでWeb上にも公開しています。これらを活用しながら第3週まで進んでいき、第4週から班ごとに前述のテキストの報告をさせます。そ

- クラス編成
- 基礎演習の目的と運営基本方針
- 基礎演習の進め方
- レジュメについて
- レポート提出について
- チューターとチュートリアル、レポート管理について
- 出欠・遅刻の扱いについて
- 成績評価について
- 基礎演習クラス合宿について
- アカデミック・キャリアチャートとアカデミック・アドバイスについて
- 基礎演習ゼミナール大会について
- (資料)基礎演習日程表
- (資料)小集団クラス補助費について

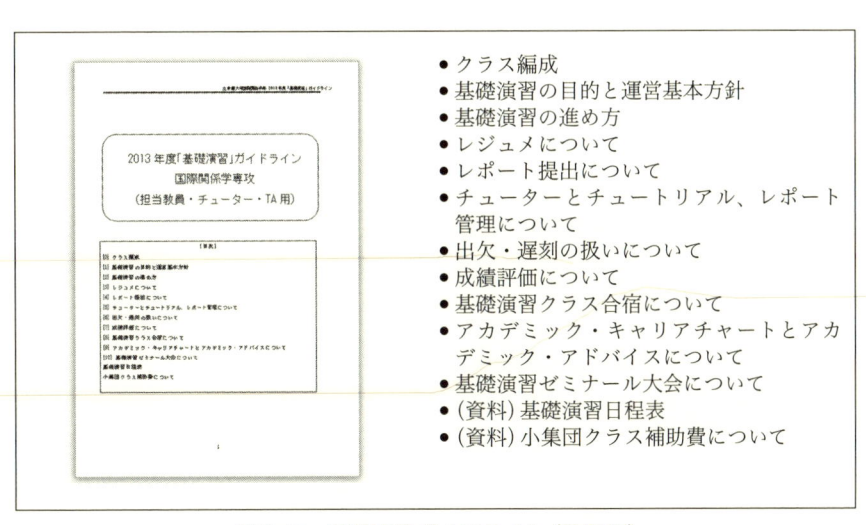

図表12　基礎演習ガイドライン(教員用)

の報告準備のために博士課程の大学院生がチューターとして各クラスについています。チューターが事前にレジュメをチェックして指導し、報告の指導も行い、そこから実際の報告になります。これが第1クールの報告です。第9週からは第2クールの報告で、各班が第1クールで報告したテーマに関連した発展報告を行います。ここでも第1クールと同様、チューターに事前に指導させています。

第2セメスターになると、各班のテキスト報告とともに後半のゼミナール大会に向けて準備します。ゼミナール大会では、まず約30名のクラスを5〜6班に分け、それぞれの班が独自の研究発表をクラス内予選として行い、トップの班がゼミナール大会の本選に進出します。本選は3コマ分通しで行い、1年生全員が集まったなかで各クラスの予選を勝ち抜いた班がプレゼンテーションを行います。教員と学生両者が評価し、優秀クラスを表彰します。

この基礎演習ではレポートを3回書かせます。第1セメスターの間、夏休みレポート、それから第2セメスターの最後です。夏休みと第2セメスターのレポートで優秀なレポートは「基礎演習レポート集」として冊子化し、次年度の1年生に配布し、「先輩はこんな風にしているよ、君たちもがんばれ」と激励しています。ちなみに第1セメスターのレポートと夏休みレポートは、教員とTAが添削をして返却します。まずTAが添削し、その後教員が添削します。TAは修士課程以上の大学院生が担当しています。

このような基礎演習は、多くの大学で行っていることだと思いますが、やはり10クラスの教員が同じようにやっていくのはとても大変なことです。

例えば、数年前のことですが、本学部は外部の先生を講師にお呼びして講演をお願いすることがあります。講演のひとつが「基礎演習」の時間にかぶってしまいました。学生は講演を聞きに行きたい。ところが、あるクラスの先生はそれを許可し授業を出席にしてくれるが、あるクラスの先生は許可しないという対応の違いが出そうになりました。それで教員間で調整して対応を揃えました。学生同士はよく連絡をとりあっているので、こういったことは揃えておかないと問題が起こります。特に出欠席は評価に直接関わるので、学生たちは敏感です。突発的なことにもそのように対応しています。

(3) 国際関係の模擬体験「グローバル・シミュレーション・ゲーミング（GSG）」

続いて「グローバル・シミュレーション・ゲーミング（GSG）」について話を進めます。これは「国際関係バーチャル・リアリティ・ゲーミング」と呼んでいます。学生一人ひとりが、国際社会のアクター、例えば日本・アメリカ・中国・フランス・南アフリカなどさまざまな国家、国連や国際機関、それから新聞・テレビなどのメディア、あるいはNGOなどになりきって、模擬国際交渉や会議を開き、国際的な課題の解決に取り組む実践型授業です。

これは1988年の学部創設以来、授業の一環として、自主的な学生スタッフによる運営で実施してきたものです。当初はわりと小グループでやってきたようですが、1997年度より1年生全員参加となり、「基礎演習」の前期授業の中で行われるようになりました。つまり、国際関係についてまだ何も学んでいない1年次で行っていたということになります。

2002年度からは、1年生ではもったいないということになり、2年次の正課科目として独立しました。

そして2003年度から登録必修科目になります。つまり、全員が受講しますが、もし単位を落としても他の科目で充当できるというものです。

全員受講の正課科目とした結果、2年次の一大イベントになっています。これは導入期教育の総まとめであり、専門教育への橋渡しでもあります。GSGの経験は自分が専門的に何を課題にし、何を目標にしていくのかを明確にしていく一助になります。

このように200～300人の学生が国際交渉を疑似体験しているということで、2007年度に「日本シミュレーション＆ゲーミング学会賞」を受賞しました。それから教育関連誌や経済誌などでも取り上げていただいています。

このような経緯を持つGSGですが、2011年度のGS専攻の開設に伴い、IR専攻も含めて2011年度にカリキュラム改革をしています。GSGは2年次に行いますから、2012年度のGSGが新カリキュラムの最初のGSGとなります。その検討を2009年度後期から行いました。

当時のGSGは、学生300人に対して担当教員は2～3人です。私は2002年度に正規科目化したときからずっとGSGを担当していたのですが、これでは個別指導はまず無理です。個別に評価することもできません。また学生スタッフががんばってルールを作ってきたのですが、そこにも限界があり、本来の目

的である問題解決から離れてしまうという課題もありました。いろんなシステムを入れていましたが、ここで得点を取るとか、こういう得点を取ってきた方が有利だとか、ゲーム化する傾向がありました。

　また当時の学部改革からの要請もありました。2011年度にGS専攻を開設するにあたりカリキュラム全体を見直し、新カリキュラムをスタートするということで、2009年秋に科目群ごとのワーキンググループを立ち上げ、それと同時にGSGを主なターゲットとしたワーキンググループも立ち上げました。

　さらに全学的な動きとして小集団教育を継続化することが課題となっていました。本学では以前から1年次の「基礎演習」に力を入れてきましたが、2年次のところで小集団教育が弱くなるため、そこに小集団教育を入れてほしいという全学的な要請があったのです。

　2009年度の「2012年度のGSG改革に向けての検討」ワーキンググループでは、さまざまな議論を行いました。国際関係バーチャル・リアリティ・ゲーミングの枠組みは変えない、それから2年次前期の配置も変えない、だけれども教育効果をより高いものにしていこうという合意が形成されました。それからもう一つ、学部で支えることが決まりました。1人や2人の教員で行うのではなく、学部全体で支える位置付けが必要だということになったのです。同時にクラス設定をすることになりました。クラス設定をするということは、「基礎演習」と同じようにクラスが増えることになるので、何らかのテキスト・資料集が必要ではないかということにもなりました。

　ここで教授会でも確認をしていますが、そこでの質問が私には忘れられません。それは「基礎演習のように誰でも担当できるものになるのですか」というものです。いきなり「来年GSGを担当してください」と言われてできるか、これは非常に鋭い質問です。しかし、GSGを担当してきた身としては「できるだろう」という確信がありました。そのためには「基礎演習」の経験を活かす必要があります。「何らかのガイドラインを作る必要がある」と答えた覚えがあります。

　その翌年、2010年度には、2012年度のGSGに向けて資料集編集委員会を設置して議論を重ねました。最初はテキストを作成しようとしましたが、最終的には既存の論文を掲載して、それを教員が解説するという形式にし、さらに、授業全体を組み立てていきました。

このとき(2010年度)は、「2012年度はまだ2年先だからちょっとゆっくりでもいいよね」という気持ちがありましたが、2011年度入学者の履修要項に履修方法などを掲載する必要があると分かって、2010年度の秋頃に、具体的にクラス選択方法をどうするのか、と詰めていきました。

さらにその翌年、2011年度には、教授会で2012年度開講方針の確認をしました。クラス別にすること、多くの専任教員が担当になること、などの確認です。それから授業運営の具体化を進めていきました。

そして2012年度の担当教員の決定です。これは大変なことでしたが10月から11月に行い、担当者会議を開催し授業詳細を詰め、テーマをどうするか、学生をどう配置するか、などを決めました。この間の4回の担当者会議はかなり重要な会議になりました。

このようにして2012年度にGSG改革を行ったわけですが、**図表13**に改めてカリキュラム全体を示しました。重要なことは、単にGSGを「基幹科目」、あるいは「演習」の小集団の流れに置くということではなく、国際関係学や「固有専門プログラム科目」がすでに始まっていますので、それらを縦断できるような科目にしていかなければならないということです。これを改めて認識しました。

実際に進めるにあたり、先ほどの「基礎演習ガイドライン」と同様に「GSGガイドライン」という10ページ程度の冊子を制作しました。グローバル・シ

	1年生	2年生	3年生	4年生
語学	英語・初修外国語・選択外国語など			
基礎科目	政治学・経済学・社会学など			
基幹科目	国際関係学・情報処理など			
固有専門プログラム科目		3プログラムの科目		
地域研究科目		東アジア研究・中東研究など		
演習科目(小集団科目)	基礎演習	GSG / 国際関係学セミナー	専門演習・卒業論文	

図表13 カリキュラム全体像(概要)

クラス	設定アクターカテゴリー	実際のアクター
A	先進国1：環太平洋（日、米、豪など）	アメリカ、日本、オーストラリア
B	先進国2：ヨーロッパ（西欧、東欧、ロシアなど）	フランス、ドイツ、ロシア
C	新興・途上国1：東アジア、東南アジア、南アジア、中央アジア	韓国、中国、インド、タイ
D	新興・途上国2：西アジア、アフリカ	イスラエル、南アフリカ、モザンビーク
E	新興・途上国3：中南米、オセアニア	ブラジル、キューバ、キリバス
F	国際機関	FAO、世界銀行、国連関連機関
G	NGO	Oxfam、CARE、Greenpeace
H	メディア	The Times of India、The Washington Post、読売新聞、BBC、アルジャジーラ

学生のクラス配置は、希望アンケートによる

図表14　2013年度GSGクラス編成

ミュレーション・ゲーミングとは何か、授業の進行方法、提出物、出欠席、評価について授業の最初に示し、これを教員と学生が共有します。これがなければ、クラス運営に一貫性を持たせることは難しかったと思います。

　それから「GSG資料集」も作りました。国際交渉はどうやるのか、国家アクター・国連アクターはどのように行動しているのか、といったアクターの関連資料です。また前年度のアクター班の総括ということで、学生の提出物から抜粋をし、学生がどのように動いたかの記録も掲載しました。加えてGSG本番のルールブックなども作っています。

　図表14は2013年度のGSGのクラス編成です。クラスAに先進国1というクラスを作りました。ここにはアメリカ、日本、オーストラリアというアクターが入っています。そしてクラスBに先進国2、クラスCに新興・途上国1、クラスDに新興・途上国2といくつかのアクターがあります。クラスFは国際機関で、今回は食料安全保障をテーマにしたので、ここにはFAO（国連食糧農業機関）や世界銀行、国連関連機関を置いています。クラスGにはNGOとしてOxfam、CARE、Greenpeaceを置いています。そして、Hクラスにはメディアとして The Times of Indiaや読売新聞、BBC、アルジャジーラなどを置き、それぞれに学生を配置しています。

　担当する教員は、最初のAは、アメリカを専門にしている地理学分野の教員、Bはヨーロッパの政治学の教員、Cは中国を専門とする経済学・経済政策学の

第1部 「学び」の質を保証するアクティブラーニング実現のための提言と実例　61

回	内容	形態
1	ガイダンス・報告予定の決定	クラス別
2	前年度GSGの紹介	クラス合同
3～5	テーマおよびアクター研究①、②、③	クラス別
6	アクタープレゼンテーション	クラス合同
7	政策検討会	クラス別
8	ミニGSG	クラス合同
9	政策検討会	クラス別
10	ミニGSG	クラス合同
11～14	GSG本番(4コマ分連続)	クラス合同
15	事後学習会	クラス別

2013年度のテーマ：「食料安全保障とそれに関連する環境問題」

図表15　2013年度GSG授業スケジュール

教員と、本当に多様です。

　スケジュールは**図表15**のようになっており、最初はガイダンスです。第2回は前年度のGSGでは何をやったのかを一つ上の3年生に話してもらいます。

　3～5回はテーマに関しての研究・アクターの研究です。例えば、私は今回NGOのクラスを担当しましたので、Greenpeaceなど各NGOが実際にどのような活動をしており、食料安全保障問題に対してどのような主張や行動をしているかを調査し報告させました。

　次がアクターごとのプレゼンテーションです。そして7、8、9、10回の本番での交渉のための事前準備を経て、11～14回は2013年6月29日の土曜日に4コマ連続で朝9時から夕方5時までずっと交渉を行うGSG本番です。その後の15回目は事後学習会となります。

　GSG本番では、各アクターに1教室を割り当て、教室を行き来したり、メールを使ったりして、まず2国間、あるいは複数国で交渉します。パソコン必携で、各アクター内でどのような戦略で、どのようなことについて、どのアクターと交渉しようかなどを考えて進めます。

　大教室では全体での国際会議が開かれます（**写真1**）。定例の国際会議も設定していますし、また各アクターが自主的に開く国際会議もあります。定例国際会議の例として、WFP（国連世界食糧計画）が進行した会議では、水問題を中心にシンポジウムやセッションを設け、さまざまな発表をし、それに対し質疑応

写真1　大教室で開かれる国際会議

写真2　掲示板に貼りだされる条約等記録用紙

答を行いました。

　2国間や全体的な国際会議では、さまざまな条約を結びます。掲示板には条約記録が貼り出されています（**写真2**）。これは「環境に配慮した世界へ」ということでブラジルと日本が両国間の緊密な関係を促進しようとする条約を締結した記録です。NGOアクターは「先進国による食料買い占め反対」などとデモ活動を行い、国家アクターに働きかけます。

　メディアアクターの新聞社3社は結構大変で、1ターム2時間の間に各アクターを取材し、記事を書き、新聞を発行します。「国際会議で農業開発に関し、今回イスラエルとオーストラリアの間で協定が結ばれました」などと載っています。またBBCは、Ustreamを使ってニュースを配信します。これらによって各アクターは他のアクターの動きを知ることができます。

　このような活動を、1.5時間のコマを4つ分使用して、2時間のタームを3回、計6時間をかけて行います。それぞれ条約を結ぶことができたり、決裂したり、会議で宣言が出たりという経験をし、閉会式になります。

まとめますと、GSGという科目は本学部の人材育成目的と照らし合わせますと、国際関係への深い知見、それから行動力を培います。例えば、日本とブラジルで交渉しようとすると、ブラジルが抱える食料問題はどのようなものか、日本はそこに何ができるかなど、かなり調査が必要です。また日本やアメリカに関しては資料も豊富ですが、途上国の資料は少なく、国際機関が出しているような資料を読み込むということも要求されます。ですから、実際にいろんな知識を得て、かつそれを行動に移すことになります。もちろん人材育成目標とも関連づけて作っていきたいと思っています。

　「学生が何を得るか」ですが、やはり達成感を得ます。「しんどかったけど、よかった」と言ってくれます。同時に大きな限界も感じるようです。一所懸命交渉したが決裂するという体験、相手が理解してくれなかったという経験です。

　それから学生同士の学び合いがあります。これは10人ぐらいの班で1つのアクターを担当しますので、その中で役割分担をし、LINEなどを使って互いに資料を伝え合って、相互に強い刺激を与え合っています。

　さらに、当初1年次でやっていたものを2年次に持ってきたことで、次に何を学んでいこうかと考えるようになりました。

　いろいろと理論で学んできたことを、小さい舞台ですがシミュレーションで具現化する、あるいは知識を可視化する、実体化するというアクティブラーニングになっていると思います。そのことが、もう少し先になりますが、学びの集大成としての卒業論文へとつながっていく導線にもなっていると思います。

(4) 教員の協働実現の条件

　最後に、教員の協働実現のために重要だと思うことを付け加えます（図表16）。現在は10人ほどの教員が担当しているのですが、必ずしも全員がGSGとは何かを分かっているとは言えない状態で始めました。そこでどうするかです。

①まず、統一的な指針・ガイドラインというものが絶対必要だろうと思います。

②同時に継続的コミュニケーションが大事です。担当者会議も何回も開きましたし、メーリングリストで教員間と担当事務局員との間で、時には結構きついことも言い合います。本学部は教授会でも喧々諤々とやり合っていますが、「それは本当にできるんですか？」という鋭い質問も飛び交います。

①統一的な指針と授業運営方法
　　－ガイドラインなど
②継続的なコミュニケーション
　　－担当者会議、メーリングリスト
　　－議論のできる土壌
③教員の負担軽減〜専門外の授業担当
　　－前年度資料の利用、基準マニュアルの整備
④教員と学生との距離〜つかず離れず
　　－「指導」の程度、学生の自主性尊重
　　－他クラス学生、非担当科目学生への対応
⑤事務のサポート
　　－コースツール利用補助
　　－印刷物等

図表16　教員の協働実現のために

　こういう普段から議論できる土壌が必要かと思います。いろいろな分野の教員がいますから、かえって遠慮なく言えるのかもしれません。

③教員の負担の軽減のための工夫です。教員は専門外の授業を担当しますから、前年度の資料を活用したり、基準マニュアルの整備が必要です。

④教員と学生の距離が非常に重要です。もともとクラス指導にしたということは、個別に指導できるようにすることが目的でしたが、でも手取り足取り教えるのではなく、学生の自主性を尊重していかなければならないと私たちは思っています。またクラス担当だけではなく、他のクラスの学生が質問に来ることもあります。「先生、ここのところを教えてください」と、GSGを担当していない教員のところにも相談に来ます。「基礎演習」でもそうですが、テキストを執筆した教員が「基礎演習」を担当するとは限りません。それでも学生は執筆した先生のところに聞きに行きます。「ここが分からないんです」「発表の担当になったのですがこんな資料を探しています。どこにあるでしょうか」と。つまり、自分が持っていないクラスや科目の学生が質問に来るのをすべての教員が受け入れるという雰囲気があります。

⑤忘れてはいけないのは事務のサポートです。コースツールや印刷物の作成など、授業がスムーズに進むように、さまざまなことをかなりサポートしてもらっています。

こうした点が、私たち教員が協働して学生を指導するポイントになってくると思います。実はまだまだ問題はたくさん抱えていますが、これらのポイントを押さえながら改善をしていきたいと考えています。

第2部

2010〜2012年度 「大学のアクティブラーニング調査」 グッドプラクティス集

1. 調査方法と評価の視点

　河合塾大学教育力調査プロジェクトは、2010年度、2011年度、2012年度のカリキュラムを対象に、継続して「大学のアクティブラーニング調査」を行ってきた。第2部では、この3年間に実地調査を行った対象大学・学部・学科から改めてグッドプラクティスを抽出し、まとめて紹介する。

　グッドプラクティスの抽出方法は、以下の通りである。

　過去3回の調査ではいずれも、まず第一段階で質問紙調査を行い、その結果を踏まえて第二段階で実地調査を行った。

　調査対象は、2010年度調査では、経済・経営・商学系、法学系、工学部機械系・電気電子系、理学部化学系・数学系とし、351学部・学科から回答を得た。2011年度および2012年度調査では、医・歯・薬、獣医系の6年制の学部、芸術系学部、体育系学部、医療福祉系学部等、資格取得を目的とした学部を除く**図表17**の学科系統を調査対象とし、2011年度は952学科、2012年度は962学科から回答を得た。

　送付対象を学部ではなく学科としたのは、同じ学部内であっても学科によってカリキュラム編成が大きく異なる場合があるためである。また学部の中からはその学部の代表的な学科、一般的に多く設置されている学科を抽出した。

学部系統	学科系統
文・人文・外国語学系	日本文学系、英米文学系、外国語・コミュニケーション学系
社会・国際学系	社会学系（観光・ジャーナリズム含む）、国際関係学系
法・政治学系	法律学系、政治・行政学系
経済・経営・商学系	経済学系、経営学系、商・会計学系
教育学系	教育学・教育心理学系、初等・中等教育教員養成課程（国語科、数学科）
理学系	数学系、物理学系、化学系、
工学系	機械工学系、電気・電子工学系、通信・情報工学系、建築学系
生物生産・応用生命学系	生物生産学系、応用生命学系
総合・環境・人間・情報学系	総合政策学系、環境科学系、人間科学系、情報メディア学系

図表17　2011年度・2012年度調査対象学科系統

(1) 第一段階としての質問紙調査

　第一段階の質問紙調査については、本書においては詳しくは触れないが、概

略のみ紹介すると、「初年次ゼミ」「高次のアクティブラーニング」については、①実施科目、②配当学年・セメスター、③どんな内容で、④どれくらいの規模（クラス数・クラス規模・担当教員数等）で、⑤どれくらいの頻度で、⑥どんなアクティブラーニングを実施しているか、⑦SAのファシリテーターとしての導入の有無等を質問した。

「一般的アクティブラーニング」については、①実施科目、②配当学年・セメスター、③履修率等を質問した。

「専門ゼミ・専門研究」については、①配当学年・セメスター、②履修率、③ゼミ・研究のオープン化の取り組み等を質問した。

「卒業論文・卒業研究」については、①履修率（必須か否かを含む）、②枚数規定、③審査体制（担当教員のみか複数審査か）、④審査基準の有無等について質問した。

さらに、それ以外に学習成果コンテストの実施の有無等についても質問した（質問紙全文については71ページから掲載）。

この質問紙の回答を定量的に集計して分析するとともに、実地調査の対象選定のためにアクティブラーニングのグッドプラクティスを抽出した。

アクティブラーニングに関する質問紙調査は3年連続となり、2011年度と2012年度は質問項目も基本的に同様のものとすることで、定量的な経年変化を調査することも企図したが、2011年度と2012年度同様の結果が得られたものの、経年変化が明瞭に観察できるほどの精度を実現することはできなかった。現状では回答者によって判断が異なることが不可避であり、それを完全に排除できる質問案を設計することは不可能と言わざるをえない。

そこで、本書においては紙幅の関係で、質問紙調査に示された定量的な分析については割愛することとし、3年間の実地調査の総集編を掲載することとした。質問紙調査の結果については、前著『アクティブラーニングでなぜ学生が成長するのか』『「深い学び」につながるアクティブラーニング』（いずれも東信堂）をご参照いただきたい。

2012年度 大学のアクティブラーニング調査 質問紙調査調査票

本調査で対象とする科目（対象科目を強調表記）
※ 2012年度のカリキュラムが対象

一般教育科目
- 外国語、体育および情報（コンピュータ）リテラシー以外の科目でアクティブラーニングを含む対象
- 外国語、体育および情報（コンピュータ）リテラシー以外の科目でアクティブラーニングを含まない科目
- 外国語、体育および情報リテラシー

専門科目
- 講義 ─── アクティブラーニングを含まない講義（座学）
- 演習・実習 ─── アクティブラーニングを含む科目、卒論実文および卒業研究
- 実験・専門研究（双方向、少人数で行われる専門研究も含む）

＜除かず含を除きます。＞
a. 就業支援科目は除きます。
2011年4月から義務化された社会的・職業的自立に関する指導等には、面接指導などの「キャリア形成支援に関わる取り組みなどの「キャリアデザイン科目」があります。他学部や学生共通組織が開講して組織、資格取得講座などの「就業支援科目」（本調査の質問以外を除外して、意見取り扱いをいて「、キャリアに関する質問以外を除外してください）
b. 初年次ゼミに関する質問以外では、初年次ゼミは除外してください。

本調査で対象とするアクティブラーニング科目

「講義」科目
「グループワーク」、「ディベート」、「フィールドワーク」、「プレゼンテーション」、「振り返り」のアクティブラーニングの5つの形態のうちいずれかが、全開講回数のうち延べ半数以上で実施されている。

「演習」科目および「実験・実習」科目
「グループワーク」、「ディベート」、「フィールドワーク」、「プレゼンテーション」、「振り返り」のアクティブラーニングの5つの形態のうちいずれかが、全開講回数のうち延べ半数以上で実施されている。

本調査におけるアクティブラーニング科目の目的別分類とその定義

次頁からの設問では、貴学科のアクティブラーニング科目を下記の分類ごとにご記入ください。
例えば、実験、実習などで"専門知識の定着"と"課題解決"の両方を目的とした科目がある場合、比重が最も大きい方いずれかの分類にご記入ください。

- **課題解決を目的としたアクティブラーニング科目**
  - 専門知識を活用したアクティブラーニング科目
    - 専門知識を活用した、PBL（注）やモノづくりのような創成型授業などの科目 → 設問2
  - 専門知識を活用しないアクティブラーニング科目
    - 専門ゼミ・卒業論文・卒業研究 → 設問3）4）

- **専門知識の定着を目的としたアクティブラーニング科目**
  - 専門知識の定着を目的とした、ケーススタディ、実験、演習・実習授業などの科目 → 設問6

- **初年次ゼミ**（他学部や学生共通組織などの別組織が提供しているものを含む）
  - 初年次に配当されたスタディスキル（レポートの書き方、文献探索など）や能動的な学びへの態度転換を目的とする双方向、少人数で行われる演習の科目 → 設問1

- **2年以上降で専門知識を活用しないアクティブラーニング科目**
  - 2年次以降に配当された、専門知識を活用せず自己発見、モノづくり、社会見学、スタディスキル（レポートの書き方、文献探索など）修得などを目的とする科目

注）PBL（project/problem based learning）とは、課題発見・解決型学習のことで、学習者が自ら課題を発見し、その解決を図ることを通して学びを深めるような学習方法のことです。

1)-1 全学共通組織提供科目

- 共通教育センターなどの全学共通組織が提供している初年次ゼミ科目について、以下の表に概要とアクティブラーニングへの取り組みをご記入ください。
- 「初年次ゼミ」とは、初年次に配当される演習形式の科目で、スタディスキル（レポートの書き方、文献探索など）や能動的な学びへの態度転換を目的とする、少人数で行われる演習などの科目のことです。

【記入欄】

全学共通組織が提供する初年次ゼミの科目名 ※「初年次ゼミ」とは、初年次に配当されるスタディスキル（レポートの書き方、文献探索など）への態度転換を目的とする、少人数で行われる演習などの科目のことです。	目的と内容 (50字以内)	必修／選択 貴学科では、必修科目ですか？選択科目ですか？※該当するものに✓	履修率(%) ⇒選択科目の場合 ※配当年次の同学年の学生に対する当該科目の履修者の比率をご記入ください。	配置セメスター	科目に含まれているアクティブラーニングの形態 各年形態について、以下の程度を目安に、3つの選択肢から一つ選択してご記入ください。 頻度 多：基本的に毎回の授業で実施 頻度 中：授業2〜4回に1回程度で実施 頻度 少：年1、2回のみ実施 ※実施しない場合、把握できない場合は記入しないでください。					教員のコメント を記入したレポート返却の有無 ※レポートを課さない場合、あるいは把握できない場合は記入しないでください。	科目担当教員数	複数の教員が担当する場合、共通化しているものはありますか？ ※中以下の取り組みに該当するものに✓				SAあるいはTAがファシリテーターなどとして授業に関わるか？ ※該当する、のに✓ 複数の場合、それぞれ全て✓ 受講生に対して助言・アドバイスを行って授業進行を補佐するようなもの
		必修 / 選択		前期 / 後期	グループワーク	フィールドワーク	プレゼンテーション	振り返り	授業時間外学習(宿題)	コメント+返却／必須 / 返却しない / 教員裁量		共通シラバス	共通テキスト	共通評価基準	全講座で導入 / 一部講座で導入 / 導入していない
			x<20 / 20≤x<40 / 40≤x<60 / 60≤x<80 / x≥80		多・中・少	多・中・少	多・中・少	多・中・少	多・中・少						
			x<20 / 20≤x<40 / 40≤x<60 / 60≤x<80 / x≥80		多・中・少	多・中・少	多・中・少	多・中・少	多・中・少						
			x<20 / 20≤x<40 / 40≤x<60 / 60≤x<80 / x≥80		多・中・少	多・中・少	多・中・少	多・中・少	多・中・少						

※配置されているセメスターに✓、通年開講の場合には前期・後期両方に✓、2・3学期期は前期、3学期期は後期としてご記入ください。

※SA：2年生以上の学部生　TA：大学院生
ファシリテーター：単なるプリント配布や回収などの事務的な作業だけではなく、受講生に対して助言・アドバイスを行って授業進行を補佐するようなもの

注）ご回答は添付のCD-Rのデータをご利用いただき、e-mailにてご返信いただければ幸いです。また直接ご記入いただいても、記入欄が足りない場合には当用紙をコピーし、それに記入してください。

1)-2 初年次ゼミ　[学部・学科　提供科目]

- 全学共通組織ではなく、学部・学科が提供している初年次ゼミ科目について、以下の表に概要とアクティブラーニングへの取り組みをご記入ください。
- 「初年次ゼミ」とは、初年次に配当されるスタディスキル（レポートの書き方、文献検索など）や能動的な学びへの態度転換を目的とする双方向、少人数で行われる演習などの科目のことです。

【記入欄】

学部・学科が提供する初年次ゼミの科目名 ※「初年次ゼミ」とは、初年次に配当されるスタディスキル（レポートの書き方、文献検索など）や能動的な学びへの態度転換を目的とする双方向、少人数で行われる演習などの科目のことです。	目的と内容 (50字以内)	必修／選択 ⇒選択科目の場合 該当するものに○	履修率 (x%) ※学生の何%が該当するかx%の範囲で該当する欄に○	配当セメスター 前期／後期	科目に含まれているアクティブラーニングの形態					教員のコメントを記入したレポート返却の有無 レポート返却必須／レポート返却任意／返却しない	授業時間外学習（振り返り宿題） 多・中・少	開講座数（クラス数）	1クラスあたりの学生数	科目担当教員数	一様の教員が担当する場合、共通化しているものはありますか？ ※共通化の対象となっているものに○を				SAあるいはTAがアシスタントとして授業に関わる	
		必修	選択	前期	後期	グループワーク 多・中・少	ディベート 多・中・少	フィールドワーク 多・中・少	プレゼンテーション 多・中・少	振り返り 多・中・少						共通シラバス	共通テキスト	共通評価基準	全講座で導入	一部講座で導入	導入していない
				x≦20 / 20≦x<40 / 40≦x<60 / 60≦x<80 / x≦80			多・中・少	多・中・少	多・中・少	多・中・少	多・中・少										
				x≦20 / 20≦x<40 / 40≦x<60 / 60≦x<80 / x≦80			多・中・少	多・中・少	多・中・少	多・中・少	多・中・少										
				x≦20 / 20≦x<40 / 40≦x<60 / 60≦x<80 / x≦80			多・中・少	多・中・少	多・中・少	多・中・少	多・中・少										
				x≦20 / 20≦x<40 / 40≦x<60 / 60≦x<80 / x≦80			多・中・少	多・中・少	多・中・少	多・中・少	多・中・少										

注) ご回答は添付のCD-Rのデータをご利用いただき、e-mailにてご返信いただければ幸いです。また直接ご記入いただき、記入欄が足りない場合には当用紙をコピーし、それに記入してください。

2)-1 専門知識を活用し、課題解決を目的としたアクティブラーニング科目　学部・学科　提供科目

①専門知識を活用し、課題解決を目的としたアクティブラーニングについて、以下の表に概要をご記入ください。
- 課題解決を目的としたアクティブラーニング科目」とは、専門知識を活用して、PBLやモノづくりのような創成型授業などに取り組む科目のことです。PBL (project/problem based learning) とは、課題発見・解決型学習のことで、学習者が自ら課題を発見し、その解決を図ることを通して学習を深めるような学習方法のことです。
- 専門知識を活用して」と定義しているため、1年次の科目は対象としていません。1年次のアクティブラーニング科目については、1)の設問にご回答ください。
- 専門ゼミ、専門研究・卒業論文・卒業研究については 3)、4) の設問にご回答ください。

SA：2年生以上の学部生　TA：大学院生
ティーチング・アシスタント：単なるプリント配布や回収などの事務的な作業だけではなく、受講生に対して助言やアドバイスなども行って授業進行を補佐するような人

【記入欄】

配置セメスター					学部・学科が提供する、専門知識を活用し、課題解決を目的としたアクティブラーニング科目名	授業内容 (50字以内)	活用すべき専門知識を伝達している科目	必修/選択	⇒選択科目の場合 履修率	開講講座数 (クラス数)	1クラスあたりの学生数	成績評価方法				科目担当教員数	一部講座で導入				
2年次		3年次		4年次								レポート・報告書	テスト・試験	プレゼン・発表	その他(記述)		共通シラバス	共通テキスト	共通評価基準		
前期	後期	前期	後期	前期	後期																
											x<20										
											20≦x<40										
											40≦x<60										
											60≦x<80										
											x≧80										
											x<20										
											20≦x<40										
											40≦x<60										
											60≦x<80										
											x≧80										
											x<20										
											20≦x<40										
											40≦x<60										
											60≦x<80										
											x≧80										
											x<20										
											20≦x<40										
											40≦x<60										
											60≦x<80										
											x≧80										

注）ご回答は添付のCD-Rのデータをご利用いただき、e-mailにてご返信いただければ幸いです。また直接ご記入いただき、記入欄が足りない場合には当用紙をコピーし、それに記入してください。

2)-2 専門知識を活用し、課題解決を目的としたアクティブラーニング科目 　学部・学科　提供科目

② 課題解決を目的としたアクティブラーニング科目間での連携、あるいは、課題解決を目的としたアクティブラーニング科目と初年次ゼミ・専門ゼミ科目での連携があれば具体的にご記入ください。

記入例：
・「地域実習1」は、学生グループで地域ヒアリングからテーマを設定し、解決策を考えさせる。「地域実習2」は、フィールドワークにおいて実際にその解決策を試行し、その結果をプレゼンテーションする。
・3年次の「企業研究」と、3・4年次の「専門ゼミ」との連携。「専門ゼミ」では「企業研究」のテーマを引継ぎ、プロジェクト担当教員、ゼミ担当教員、協力企業の3者で指導、評価を行う。職種の企業でテーマに沿った業種・職種の企業で研修を行い、プロジェクト担当教員、ゼミ担当教員、協力企業の3者で指導、評価を行う。

注）ご回答は添付のCD-Rのデータをご利用いただき、e-mailにてご返信いただければ幸いです。

3) 卒業論文・卒業研究（卒業制作、卒業設計等も含む）　チェック欄には該当する選択肢を✓してください。

番号	設問	選択肢	チェック欄	ガイドにしたがって、ご回答ください。②へ
				□の設問に回答 ◎の設問に回答 ◆の設問に回答
①	卒業論文・卒業研究はありますか？	ある ない	択一	
②	卒業論文・卒業研究がある場合、それは全員必須（卒業要件）とされていますか？	全員必須とされている 必須とされていない	択一	◆
③	卒業論文・卒業研究がある場合、論文の執筆量などの規定がありますか？ある場合には、選択肢に✓した上で、その下の空欄にその量規定について記述してください（自由記述）。	最低限の量規定がある <最低規定記入欄> 最の規定は無い	択一	◎
④	卒業論文・卒業研究がある場合、その審査は誰が行いますか？	複数教員により審査が行われる 担当教員のみの審査が行われる	択一	◎
⑤	卒業論文・卒業研究がある場合、審査（評価）において、明文化された審査（評価）基準チェックシートはありますか？	ある ない	択一	◎
⑥	卒業論文・卒業研究がある場合、その発表はどのように行われますか？（複数回答可）	卒論（卒研）発表会が行われている 全員参加のポスターセッションがある 優秀論文の発表会がある 卒論（卒研）発表会は行われていない	複数回答可	◎
⑥-1	卒論（卒研）発表会が行われている場合、全員の口頭発表はありますか？	全員の口頭発表がある 全員の口頭発表はない	択一	◆
⑥-2	卒論（卒研）発表会が行われている場合、その発表は成績に反映されますか？	反映される 反映されない	択一	
⑦	卒業論文・卒業研究が全員必須とされていない場合、学科1学年の学生数を母数として、卒業論文・卒業研究に取り組む学生の割合はおよそどのくらいですか？	20%未満 20%以上 40%未満 40%以上 60%未満 60%以上 80%未満 80%以上	択一	◆
⑧	卒業論文・卒業研究が全員必須とされていない場合、執筆率を高めるために行っていることがあれば、記述ください。	記述	選択の上 記述 （執筆率 約 ％）	◆
⑨	卒業論文・卒業研究が全員必須とされていない場合、あるいは、卒業論文・卒業研究がない場合、他に大学での学習の集大成となるような課題を課していますか。	授業やゼミの履修以外は特に課していない ゼミ論文、ゼミレポートなどを課している その他（記述）		□ ◆

注）ご回答は添付のCD-Rのデータをご利用いただき、e-mailにてご返信いただければ幸いです。

4) 専門ゼミ・卒業論文・専門研究

①4年間のゼミ科目の配置について、以下の表に概要をご記入ください。

- 専門ゼミ、専門研究では、指導教員・研究室ごとにそれぞれ別個目として扱われていることがありますが、ここでは専門ゼミや専門研究そのものを1科目としてご記入ください。
- また、複次により履修する科目名が分かれる場合も1科目としてご記入ください。
- 卒業論文、卒業研究も、一つの科目に含まれる場合も別々にご記入ください。卒業論文の単位が演習に含まれる場合、記入例を参考にご記入ください。また、理系学部においては「輪講」などがゼミとして位置づけられている場合も、ゼミ科目としてご記入ください。

【記入例】

科目名	卒論・卒研	単位数	必修/選択 ※選択必修も選択に該当する場合は✓	選択科目である場合の履修率（×％） ※卒業までに学科学生の何％が履修しますか？該当する履修率を✓してください。				配置されているセメスター ※配置されているセメスターに✓、通期開講の場合には前期・後期の両方に✓、3学期制の場合、1学期期は前期、2学期は前後期、3学期期は後期として✓を入れてください。							ゼミ名あるいは講座の開設数	ゼミ・研究のオープン化
				x≦20	20≦x≦40	40≦x≦60	60≦x≦80	x≧80	2年次前期	2年次後期	3年次前期	3年次後期	4年次前期	4年次後期		
科目としての卒業論文・卒業研究、あるいは卒業論文・卒業研究を含む演習科目の場合は✓																
プレ演習		2	必修							✓					10	
演習Ⅰ		4	必修								✓				20	
演習Ⅱ（卒業論文を含む）	✓	8	必修									✓	✓		20	
卒業研究	✓	8	選択				✓						✓	✓	9	✓

【記入欄】

科目名	卒論・卒研	単位数	必修/選択 ※選択必修も選択に該当する場合は✓	選択科目である場合の履修率（×％） ※卒業までに学科学生の何％が履修しますか？該当する履修率を✓してください。				配置されているセメスター ※配置されているセメスターに✓、通期開講の場合には前期・後期の両方に✓、3学期制の場合、1学期期は前期、2学期は前後期、3学期期は後期として✓を入れてください。							ゼミ名あるいは講座の開設数	ゼミ・研究のオープン化
				x≦20	20≦x≦40	40≦x≦60	60≦x≦80	x≧80	2年次前期	2年次後期	3年次前期	3年次後期	4年次前期	4年次後期		
科目としての卒業論文・卒業研究、あるいは卒業論文・卒業研究を含む演習科目の場合は✓																

※ゼミ・研究の内容や成績評価について、1人の指導担当教員だけで完結するのではなく、複数の教員が関わることがあれば、✓を入れてください。

②「ゼミ・研究のオープン化」の質問で、「✓」が入った科目について、どのような場面で複数の教員が関わっているか、具体的にご記入ください。記入欄が足りない場合には当用紙をコピーし、それに記入してください。

注）ご回答は添付のCD-Rのデータをご利用いただき、e-mailにてご返信いただくだけでも差し支えありません。また直接ご記入いただき、記入欄が足りない場合には当用紙をコピーし、それに記入してください。

5) 学習成果コンテスト

※ 学習成果コンテスト：単なる発表会ではなく、成果を競い、表彰や順位付けが行われるもの。

●正課の学習成果を高めることを目的にした、大学、学部あるいは学科主催のゼミ大会、制作物のコンテスト、研究発表会などの学習成果コンテストはありますが、該当する選択肢に✓を記してください。

ただし、卒業論文（研究）発表会、優秀卒業論文表彰等は除きます。卒業論文（研究）発表会については、3)の設問に✓を該当にご記入ください。
また、1ゼミ・1授業内で実施するもの、学外団体が主催するものは除きます。

参加学生には、プレゼンをする学生、プレゼンのための準備をする学生も該当します。

学習成果コンテスト名	学習成果コンテストの概要	対象学年				主催			参加学生の割合（x %）				
		1年	2年	3年	4年	大学	学部	学科	その他 等委託記入	x<20	20≦x<40	40≦x<60	60≦x<80	80≦x<100	x=100

※「参加学生の割合」では、4年間を通して全学生の何%程度が参加しますか？該当する履修率の箇所に✓を記入してください。

注) ご回答は添付のCD-Rのデータをご利用いただき、e-mailにてご返信いただければ幸いです。また直接ご記入いただき、記入欄が足りない場合には当用紙をコピーし、それに記入してください。

6) 専門知識の定着を目的としたアクティブラーニング科目　学部・学科　提供科目

①専門知識の定着を目的とした、ケーススタディや実習、実験などのアクティブラーニング科目について、以下の表に概要をご記入ください。

※該当学科の一部のコースや専攻で必修となっている場合には「選択」としてください。

※複数の学年で継続が可能な場合は、継続を推奨されている学年、あるいは継続履修者が最も多い学年を選択してください。

配置されているセメスター ※配置されている学年でマスターし、継続履修の場合は前期・後期の両方に✓、通期開講の場合は前期に✓、1学期期は前期、2・3学期は後期、3学期期は後期として記入してください。									学部・学科が提供している 専門知識の定着を目的とした アクティブラーニング科目名	必修/選択 ※選択該当する 選択肢に✓	選択科目である場合の履修率（×％） ※卒業までに学科学生の何％が継続修しますか？ 該当する継続率に✓をつけてください				
1年次		2年次		3年次		4年次			必修 ／ 選択	x<20	20≦x<40	40≦x<60	60≦x<80	x≧80
前期	後期	前期	後期	前期	後期	前期	後期							

注）ご回答は添付のCD-Rのデータをご利用いただき、e-mailにてご返信いただければ幸いです。また直接ご記入いただき、記入欄が足りない場合には当用紙をコピーし、それに記入してください。

7) アクティブラーニング以外の科目も含むと全体の取り組み

7)-1 「講義」科目での工夫

一般的に座学で行われる「講義」型授業で行うために、学生の能動的な学習を促すために、貴学科で取り組まれていることがあれば、ご記入ください。

① 全ての「講義」型授業で取り組んでいること	② 一部の「講義」授業のみで取り組んでいること

7)-2 学科の達成目標とカリキュラム設計

① 学科の教育目標と、各履修科目の達成目標との関連性について、明文化されたものがありますか。
例）各履修科目のシラバスにおいて、学科の教育目標と科目の達成目標をひもづけで示している。

該当する ものに✔		代表的な科目の例のコピーを添付ください。あるいは、Web サイトに公開されている場合は URL をご記入ください。
	ある	(http://　　　　　　　　　　　　　　　)
	ない	

② カリキュラムマップやカリキュラムツリーなど、科目間の関係性を明示し、カリキュラム全体を俯瞰できるシートを作られていますか。

該当する ものに✔		シートのコピーを添付ください。あるいは、Web サイトに公開されている場合は URL をご記入ください。
	ある	(http://　　　　　　　　　　　　　　　)
	ない	

③ 教育課程全体を通しての到達度評価として、標準化されたテスト（英文学科における TOEIC や TOEFL など）を採用されていますか。学内で作成して実施しているものがありますか。

該当する ものに✔		具体的に、どのようなものか、ご記入ください。
	ある	
	ない	

以上、ご協力ありがとうございました。

(2) 実地調査の評価視点と評価基準

　第二段階では第一段階の質問紙調査の結果をもとに実地調査を行った。その調査では基本的に3人以上の調査スタッフが訪問してヒアリングを行い、以下の3つの【評価の視点】から評価を行った。ヒアリングに当たっては、エビデンス資料を大学側に準備していただき、極力、大学側と調査側の主観が評価に入り込まないように留意した。

【評価の視点Ⅰ】アクティブラーニングの設計と導入（配点9p）

Ⅰ－1. 知識を活用し課題解決を目的とした「高次のアクティブラーニング科目」の設計と導入（配点6p）

　「高次のアクティブラーニング」は、専門知識を活用しなければ単なる「お遊び」に終始してしまいがちである。そのような例はこれまでの調査でも散見された。その点で、専門知識の「ある程度」の活用を前提とした。逆に言えば、専門知識を活用しないで課題解決に取り組むものは当初から「高次のアクティ

＜Ⅰ－1. ポイント評価基準＞

Pt.	評価基準
5p	「知識活用を目的としたAL科目」が、必須で3年連続して置かれている。
4p	「知識活用を目的としたAL科目」が、必須を含み選択で3年連続して置かれている。
3p	「知識活用を目的としたAL科目」が、選択で3年連続して置かれている。または、2つの学年に必須で置かれている。
2p	「知識活用を目的としたAL科目」が、選択で2年置かれている。または1つの学年で必須で置かれている。
1p	「知識活用を目的としたAL科目」が、選択で1つの学年に置かれている。
卒業論文が必須であれば、上記の得点に1p加算する。	

※　ゼミは対象外とする。

＜Ⅰ－1.評価＞

評価		判定条件
◎	進んだ取り組み	4p以上
○	やや進んだ取り組み	2p以上4p未満

ブラーニング」として評価しないということである。その「高次のアクティブラーニング科目」が、どれだけ連続して4年間に配置されているのかを問題とした。

Ⅰ-2. 知識定着を目的とした「一般的アクティブラーニング科目」の他科目との連携（配点3p）

知識定着を目的とした「一般的アクティブラーニング」を含む科目が、どれくらい設置されているか。この項目については、知識伝達を目的とする他の講義科目や他のアクティブラーニング科目との連携、あるいは当該アクティブラーニング科目の中で、定着すべき知識の伝達を行い、それを定着させるアクティブラーニングが実施されている科目の数を問題とした。

＜Ⅰ-2. ポイント評価基準＞

Pt.	評価基準
3p	学部・学科が提供する専門科目（専門基礎を含む）の内、一般的アクティブラーニング科目と講義科目や他のAL科目との連携が図られている科目が半数以上ある（分母は学部・学科が提供する専門科目）。または専門の基本的な科目において、講義科目の中でALが行われる決まりになっている（半数以上が目安）。
2p	学部・学科が提供する専門科目（専門基礎を含む）の内、一般的アクティブラーニング科目と講義科目や他のAL科目との連携が図られている科目が複数ある（※半数以下が目安。分母は学部・学科が提供する専門科目）。または講義科目の中に演習や討議等のALを組み込むことが学部として指定されている科目が複数ある（教員裁量ではない）。
1p	学部・学科が提供する専門科目（専門基礎を含む）の内、一般的アクティブラーニング科目と講義科目や他のAL科目と連携が図られている科目が1つある。または講義科目の中に演習や討議等のALを組み込むことが学部として指定されている科目が1つある（教員裁量ではない）。

＜Ⅰ-2.評価＞

評価	判定条件
◎	進んだ取り組み	3p
○	やや進んだ取り組み	2p

【評価の視点Ⅱ】学部・学科による質保証、教育内容の統一・関連性確保（配点 8p）

Ⅱ－1．アクティブラーニング科目の内容統一・科目間の関連性の確保（配点 6p）

　本調査が評価するのは、教員個人のアクティブラーニングへの取り組みではなく、大学・学部・学科などの組織的な取り組みである。

　それは第一に、できるだけ多くの学生がアクティブラーニングを経験するようにするためには、選択科目で1クラスだけ開講するのではなく、複数クラス開講で多くの学生が経験するようにすることが必要であり、そのためにはクラスごとに教員がバラバラに実践していたのでは、到底質的な統一は保証されないからである。

　第二に、アクティブラーニングは科目の壁を超えて学んだことを関連付けることで、「深い学び」を学生の内に引き起こす。このため、カリキュラムが科目を超えて設計されていることが重要になるからである。

　そして第三に、アクティブラーニングという新しく再構成された手法を用いる場合に、その手法の開発や共有が重要となり、FD（ファカルティデベロップメント）の視点からもチームティーチング的な関わりが求められるからである。ただし、ここで言う「チームティーチング」は必ずしも複数の教員が同一クラスに入ることを求めるものではない。教員集団がチームとして学生集団に関わるという意味でのチームティーチングであり、個々バラバラではない教員同士の有機的な連携を問題としている。

＜Ⅱ－1．ポイント評価基準＞

1) 複数開講される同一アクティブラーニング科目の学部・学科による内容統一（配点 1p）

Pt.	評価基準
1p	同一科目複数開講のAL科目を複数の教員が担当し、学部・学科により教育内容が統一されている。

2) 同一学年での複数のアクティブラーニング科目の内的関連の学部・学科による確保（配点1p）

Pt.	評価基準
1p	同一学年で開催される複数のAL科目の教育内容が内的な関連をもつように、学部学科により調整されている。

3) 学年をまたぐアクティブラーニング科目の内的関連の学部・学科による確保（配点2p）

Pt.	評価基準
2p	3つの学年にわたるAL科目を複数の教員が担当し、教育内容が内的関連を持つように、学部・学科主導で整備されている。
1p	2つの学年にわたるAL科目を複数の教員が担当し、教育内容が内的関連を持つように、学部・学科主導で整備されている。

4)「高次のアクティブラーニング科目」における専門知識の活用度（配点2p）

Pt.	評価基準
2p	「高次のアクティブラーニング科目」が知識の活用を強く意識し、シラバスや授業計画書に明記するなど具体的に連携した設計となっている。
1p	「高次のアクティブラーニング科目」が知識の習得を前提とした設計となっている。

<Ⅱ－1．評価>

評価		判定条件
◎	進んだ取り組み	1)～4)のポイントの合計が4p以上
○	やや進んだ取り組み	1)～4)のポイントの合計が2p以上 4p以上未満

Ⅱ－2．獲得させるべき能力と対応したアクティブラーニングを含んだカリキュラム設計（配点2p）

　学生に獲得させるべき能力がアクティブラーニング科目の設計の中に明示的にビルトインされていなければ、第一にその教育のアウトカムを確認することができない。第二に、学生は当該アクティブラーニング科目を経験しても、その狙いが不明であれば「頑張った」「根性がついた」等しか言語化できないケースが多い。第三にカリキュラムマップの考え方からすれば、学生が獲得すべき能力は専門的な能力から汎用的能力（ジェネリックスキル）まで多岐にわ

たり、当然のことながら、それらすべてを単一の科目で充たすことは不可能である。それらの各能力が、さまざまな科目の中に埋め込まれていることによって、トータルな能力形成が志向されなければならない。こうした点から、アクティブラーニング科目において獲得されるべき能力要素が、シラバス等に明示されているかどうかを問題とした。

＜Ⅱ－2．ポイント評価基準＞

Pt.	評価基準
2p	AL科目について、シラバスなどで各科目の中に獲得させるべき能力要素落とし込まれている。
1p	AL科目について、シラバスなどで各科目が獲得させるべき能力の中に分類されている。

＜Ⅱ－2．評価＞

評価		判定条件
◎	進んだ取り組み	2p
○	やや進んだ取り組み	1p

【評価の視点Ⅲ】学生の能力形成と自律・自立化についての取り組み（配点4p）

Ⅲ－1．振り返りとコミットメント（配点4p）

　学生自身が目標を設定し、実践し、それを振り返ることは、学生が自らPDCAサイクルを回せるようになることであり、それこそが学生の自律・自立化を意味する。ただ、そのプロセスは自然に誰でも身に付くものではない。それを行わせるための仕組みと、それを機能させるための教員の関わりが重要となる。

　PDCAという改革サイクルについて、教育になじむ、なじまないという議論がある。教育になじまないという主張は、PDCAは工学的アプローチであり、教育には目標とは異なる結果が生まれるものであるから、羅生門的アプローチが適切だという。

　しかし当プロジェクトは、PDCAサイクルを工学特有の手法と考えるのは誤りだと考える。確かに、こうした定式化は第二次世界大戦後の品質管理の追

求の中で生まれたが、それは定式化であってPDCAの根本を彼らが発明したわけではない。それは、おそらく人類が誕生した時から自然発生的にプリミティブに実践されてきたことなのである。

こうしたら上手く行くと考え(計画＝Plan)、それを実践してみて(Do)、うまくいったかどうかを振り返り(Check)、次の計画につなげる(Action)。

採集経済段階であれ、農耕段階であれ、人間の集団はそのようにして改革・改善し技術を発達させてきた。個人もまた、そのような回路を経ながら、スポーツにせよ芸術にせよ、その他の技術・学術にせよ、習熟・発展させてきた。そして、今もなお、それを続けているのである。

ただ、こうしたプロセスは人間が集団で関わる場合には、方法論として意識的に行った方がより効率的であることは間違いない。その手法の定式化が工学的現場でいち早く起こったにすぎないのである。

そして教育上の問題は、この経験的・無自覚的に行っていることを、どのように手法として身に付けることができるかである。当初は意識的に、そして習熟すれば無意識的にPDCAを回せるようになる。それが人としての自律・自立化につながることは言うまでもない。

その「当初は意識的に」という段階こそ、大学4年間、とりわけ初年次などの早期の段階で、意識的に大学が学生に訓練し習熟させていくべき課題となっているのである。

＜Ⅲ－1. ポイント評価基準＞

Pt.	評価基準
4p	すべての学生にPDCAを回させる仕組みになっている。
2p	何らかの振り返りを行わせる具体物がある。または一部の学生に対してのみPDCAの仕組みがある。

＜Ⅲ－1. 評価＞

評価		判定条件
◎	進んだ取り組み	4p
○	やや進んだ取り組み	2p

(3) 実地調査の評価結果が優れていた学科

　以下が、当プロジェクトが3年間の実地調査を通じ、グッドプラクティスとして評価した大学・学部・学科の一覧である。

【理系学科・コース・専攻・学系】

系統	大学	学部	学科	評価の視点					調査年度
				I-1	I-2	II-1	II-2	III	
理学系	東京理科大学	理学部第一部	応用物理学科	○	◎	◎			2012
	神奈川工科大学	応用バイオ科学部	応用バイオ科学科	◎	◎	◎	◎	○	2011
	北里大学	理学部	物理学科	◎	◎	○			2012
	近畿大学	理工学部	理学科数学コース	○	◎	◎		○	2012
工学系	公立はこだて未来大学	システム情報科学部		○	◎	◎			2012
	室蘭工業大学	工学部	情報電子工学系学科	◎	◎	◎	○		2010
	秋田大学	工学資源学部	機械工学科	◎	◎	◎	○		2010
	日本大学	生産工学部	建築工学科	◎	◎	◎			2011
	工学院大学	グローバルエンジニアリング学部	機械創造工学科	○	◎	◎	○	◎	2012
	日本大学	理工学部	電気工学科	○	◎	○			2012
	関東学院大学	工学部	機械工学科ロボットコース・システム専攻	◎	○	◎		○	2011
	金沢工業大学	工学部	電気電子工学科	◎	◎	◎	◎		2010
	三重大学	工学部	電気電子工学科	○	◎	◎	○		2010
	近畿大学	理工学部	機械工学科	○	◎	◎			2010
	岡山大学	工学部	機械工学科	◎	◎	◎	○	◎	2010
情報学系	東邦大学	理学部	情報科学科	◎	◎	○			2011

　注）◎：進んだ取り組み、○：やや進んだ取り組み

【文系学部・学科・課程】

系統	大学	学部	学科	評価の視点 I-1	I-2	II-1	II-2	III	調査年度
文・人文・外国語学系	日本女子大学	文学部	英文学科	◎	◎	◎			2011
	日本女子大学	文学部	日本文学科	◎	◎	◎	◎	○	2012
	新潟大学	人文学部	人文学科	○	◎	○		○	2011
	愛知淑徳大学	文学部	英文学科	◎	◎	○			2012
	同志社大学	文学部	国文学科	◎	◎	○	◎		2011
	大阪女学院大学	国際・英語学部	国際・英語学科	◎	○	○		◎	2012
	近畿大学	文芸学部	英語多文化コミュニケーション学科	◎	◎	○		◎	2011
社会・国際学系	共愛学園前橋国際大学	国際社会学部	国際社会学科	◎	◎	○		◎	2011
	立命館大学	国際関係学部		◎	◎	○		○	2012
法・政治学系	該当大学なし								
経済学系	創価大学	経済学部		○	○	◎	◎	◎	2010
	武蔵大学	経済学部		○		○		○	2010
	名古屋学院大学	経済学部	総合政策学科	○	○	○		○	2012
	大阪市立大学	経済学部	経済学科	○	○	○	◎		2011
経営・商学系	産業能率大学	経営学部		◎	◎	◎	◎	○	2010
	立教大学	経営学部		◎		◎		◎	2010
	立命館大学	経営学部		◎	○	◎		◎	2010
教育・教員養成系	椙山女学園大学	教育学部	子ども発達学科	○	◎	◎	◎	◎	2011
	島根大学	教育学部	学校教育課程初等教育開発専攻	◎	◎	◎	◎	◎	2012
	愛媛大学	教育学部	学校教育教員養成課程	◎	◎	◎	◎	◎	2011

注)　◎：進んだ取り組み、○：やや進んだ取り組み

＜評価の視点の内容＞

I	アクティブラーニングの設計と導入	I-1	知識を活用し課題解決を目的とした「高次のアクティブラーニング科目」の導入
		I-2	知識定着を目的とした「一般的アクティブラーニング科目」の他科目との連携
II	学部・学科による質保証、教育内容の統一・関連性確保	II-1	アクティブラーニング科目の内容統一・科目間の関連性の確保
		II-2	獲得させるべき能力と対応したアクティブラーニングを含んだカリキュラム設計
III	学生の能力形成と自律・自立化についての取り組み	III	振り返りとコミットメント

2. 視点別の評価結果と「進んだ事例」紹介

【評価の視点Ⅰ】アクティブラーニングの設計と導入

Ⅰ-1. 知識を活用し課題解決を目的とした「高次のアクティブラーニング科目」の設計と導入

(1) 概説

　「高次のアクティブラーニング科目」については、4年間のそれぞれの専門知識の習得度合いに応じて、学生が4年間連続して履修できるようなカリキュラム設計であることが望ましい。

　理工系学科履修パターンは、1年次・2年次・3年次には講義と「一般的アクティブラーニング」としての演習・実験で知識を習得・確認させ、4年次になって初めて研究室配属→卒業研究というものである。最近では、研究室配属が3年次後期、3年次前期などに前倒しされている学科も見られるようになってきた。ここに紹介するグッドプラクティスでは卒業研究を含めると、ほぼ4年間連続して「高次のアクティブラーニング」が配置され、4年次の研究室配属・卒業研究を待たず、学生に課題解決に取り組ませている。

　文系学科でも1・2年次の段階で「高次のアクティブラーニング」への取り組みが多く見られるようになってきている。

　また、この【評価の視点Ⅰ】は【評価の視点Ⅱ】「アクティブラーニング科目の内容統一・科目間の関連性の確保」の項目と極めて強い相関性を示している。つまり、アクティブラーニング科目を学科として設計して取り組んでいるところほど、「高次のアクティブラーニングの導入」が進んでいる結果となった。これは専門ゼミ・卒業研究以外での「高次のアクティブラーニング」の導入が、教員の裁量に依拠しているのではなく、学部・学科の判断のもとで組織的に取り組まれているものであることを、間接的ではあれ、示している。

(2) 理系学科

以下に評価が高かった学科を記す。

系統	大学	学部	学科	評価	調査年度
理学系	神奈川工科大学 ※	応用バイオ科学部	応用バイオ科学科	◎	2011
	北里大学 ※	理学部	物理学科	◎	2012
工学系	公立はこだて未来大学 ※	システム情報科学部		○	2012
	室蘭工業大学 ※	工学部	情報電子工学系学科	◎	2010
	秋田大学 ※	工学資源学部	機械工学科	◎	2010
	日本大学 ※	生産工学部	建築工学科	◎	2011
	工学院大学 ※	グローバルエンジニアリング学部	機械創造工学科	○	2012
	関東学院大学 ※	工学部	機械工学科 ロボットコース・システム専攻	◎	2011
	金沢工業大学	工学部	電気電子工学科	○	2010
	近畿大学 ※	理工学部	機械工学科	◎	2010
	岡山大学	工学部	機械工学科	○	2010
情報系	東邦大学 ※	理学部	情報科学科	◎	2011

注) ◎：進んだ取り組み、○：やや進んだ取り組み　※：以下に紹介する学科

神奈川工科大学　応用バイオ科学部　応用バイオ科学科　（2011年度調査）

【アクティブラーニング科目とそれに関連する講義科目】

授業形態	1年次		2年次		3年次		4年次	
	前期	後期	前期	後期	前期	後期	前期	後期
関連講義	微生物学	生命科学II 生化学入門 分析化学			生化学II 免疫化学 食品分析学			
一般的AL	バイオ基礎実験	バイオ実験I	バイオ実験II	バイオ実験III 機器分析実験I	バイオインフォマティクス実習 機器分析実験II	機器分析特別実験		
高次AL		応用バイオ実験 「自主テーマ実験」含む		バイオ実験IV 「自主テーマ実験II」含む				
ゼミ						応用バイオ科学ゼミ	輪講 卒業研究	

注1)　一般的AL：知識定着を目的としたアクティブラーニングのこと。
　　　高次AL　：知識を活用し、課題解決を目的としたアクティブラーニングのこと。
注2)　□囲みの科目は必修科目（コース必修を含む）

■**アクティブラーニング科目の全体設計**

- 1年前期に「バイオ基礎実験」があり、ここでは実験スキルとレポートやプレゼンテーションなどのスタディスキルを、実験を通じて学ぶ。1年後期に「応用バイオ実験」があり、その中の後半の4～5回の授業が自主テー

マ実験。2年前期には「バイオ実験Ⅱ」で高校生向けのバイオ教材を開発・作成し、それをバイオコンテストで競う。3年前期に「バイオ実験Ⅳ」の中で自主テーマ実験を行い、また3年前期に「バイオインフォマティクス実習」で生命科学に関する詳細なイラストを描き、仕組みや原理を理解する。3年後期にはいわゆるゼミ「応用バイオ科学ゼミ」があり、さらに4年生の「卒業研究」と「輪講」が続く。この中で、「高次のアクティブラーニング」は1年後期の「応用バイオ実験」および3年前期の「バイオ実験Ⅳ」の中に埋め込まれている「自主テーマ実験Ⅰ・Ⅱ」である。
- 4年次の「輪講」はゼミとしてみる。

■高次のアクティブラーニング

- 1年後期「応用バイオ実験」の「自主テーマ実験」は4クラスに分かれて行われ、教員は全員出動。学生はグループワークで取り組み、グループでポスターを作成して発表は一人ずつ全員が行う。このポスターが作成できるように、ExcelやPowerPointの使い方を指導する授業とリンクしている。また教員は採点用紙（チェック項目）を持って、全員の発表を採点する。以前は、チェック項目は細かくルーブリックにしていたが運用上難しく、現在では大きな枠組みに変更している。
- 3年前期「バイオ実験Ⅳ」は免疫学の実験が中心で、後半に「自主テーマ実験」を行う。3年生でもポスターセッションを行うが、1年次と違ってグループワークでも一人1枚のポスターを作成して発表する。この発表が豆腐メーカーとの共同研究に繋がった。
- 1年後期の「応用バイオ実験」1コマと「バイオ実験Ⅰ」2コマは3コマ連続して開講され、運用で1～10回が「バイオ実験Ⅰ」、11～15回が「応用バイオ実験」として行われている。これは3年次の「バイオ実験Ⅳ」2コマ、「機器分析実験Ⅱ」も同じで、1～9回が実験で10～15回が自主テーマ実験となっている。
- この2回の「高次のアクティブラーニング」が、3年後期からのゼミに連続する。

北里大学　理学部　物理学科　（2012年度調査）

【アクティブラーニング科目の4年間の流れ】

授業形態	1年次		2年次		3年次		4年次	
	前期	後期	前期	後期	前期	後期	前期	後期
関連講義	数学Ⅰ／力学Ⅰ	数学Ⅱ／力学Ⅱ	電磁気学Ⅰ	電磁気学Ⅱ				
一般的AL	数学演習／力学演習／物理学実験Ⅰ	基礎化学実験／数物実験	電磁気学Ⅰ演習／基礎生物学実験／プログラミング	電磁気学Ⅱ演習／コンピュータ機器制御	生物物理実験／化学物理実験			
高次AL				物理学実験Ⅱ		物理学特別演習		
ゼミ卒研							卒業研究／ゼミナール	

注1）一般的AL：知識定着を目的としたアクティブラーニングのこと。
　　高次AL　：知識を活用し、課題解決を目的としたアクティブラーニングのこと。
注2）□囲みの科目は必修科目

■アクティブラーニング科目の全体設計

- 1・2年次には、他の学科（化学科、生物科学科）の基礎実験が必修で置かれ、物理を中心に化学や生物をも幅広く学ぶ設計となっている。これは、各分野が相互にかかわる領域が多いことを学生に理解させ、物理学をより深く学ばせるという目標に基づくためである。
- 1年次通期必修の「物理学実験Ⅰ」で、基本的な実験の方法に加えて、レポートのまとめ方や発表の仕方などを学び、4年間の学びの地盤を築く。そして、2年次通期必修の「物理学実験Ⅱ」、3年次後期必修の「物理学特別演習」では、自ら設定した課題に対して深く考察し発表するスキルを磨き、4年次の卒業研究につなげている。

■高次のアクティブラーニング

- 2年次通期の必修科目である「物理学実験Ⅱ」では、5週間の実験で扱った内容のなかから学生それぞれが選んだ課題について再考察し、1人1課題プレゼンテーションをする発表会を実施している。課題については、実験から発展した内容も可としている。
- 3年次後期の必修科目である「物理学特別演習」では、「化学物理実験」（3年次前期、必修）、「生物物理実験」（3年次前期、必修）で行った全実験から、学生が興味を持った実験について、1人1つ自ら課題を設定し、調べたこ

とを発表する。発表会の会場は3つに分け、並行して実施する。似たテーマを選択した学生は、できる限り会場が重ならないように配置を工夫している。1人当たりの持ち時間は、発表10分＋質疑応答5分の計15分である。学生には、質疑応答で出てきた質問をすべてメモさせている。その場で答えられなかった質問に関しては、発表会後に、似通った課題を選択した学生を集めたグループ全員で考えさせ、調べさせ、後日回答させている。

室蘭工業大学　工学部　情報電子工学系学科　（2010年度調査）

【アクティブラーニング科目の4年間の流れ】

授業形態	1年次		2年次		3年次		4年次	
	前期	後期	前期	後期	前期	後期	前期	後期
関連科目		プログラミング演習	プログラミング応用演習					
一般的AL		基礎電気回路 基礎電磁気学	電気回路Ⅰ 電磁気学Ⅰ	電気回路Ⅱ 電磁気学Ⅱ	電気電子工学実験A	電気電子工学実験B		
高次AL	フレッシュマンセミナー			工学演習Ⅰ	技術者倫理	工学演習Ⅱ		
ゼミ							卒業研究（卒論）	

注1）一般的AL：知識定着を目的としたアクティブラーニングのこと。
　　　高次AL　：知識を活用し、課題解決を目的としたアクティブラーニングのこと。
注2）□囲みの科目は必修科目（コース必修を含む）

■アクティブラーニング科目の全体設計

- 室蘭工業大学では2009年に学科を改組し、情報工学科と電気電子工学科が一体募集となった。間口を広げて、2年次にコース選択するようにした。理由は、高校卒業時点では学科を細かくは選びにくいため。このため、1年生では共通の科目を学ぶ。

- 情報電子工学系学科は1年生から4年生までのすべての学年で、実習科目が設けられている。初年次の「フレッシュマンセミナー」でモチベーションを上げ、2年後期の「工学演習Ⅰ」では初年次からスキルアップしたエンジニアリング・デザインを行い、さらに3年後期の「工学演習Ⅱ」では前期の学生実験を踏まえて専門知識を用いたエンジニアリング・デザインが必修とされている。これは4年次の卒業研究に接続する。2年次の「工学演習Ⅰ」では課題が与えられ、「マイクロプロセッサを組み込んだ電子回路の作製とマイクロプロセッサのプログラミングを行う」「作製した作品の発表を通してプレゼンテーションやコミュニケーションの能力向上を図る」とされている。これに対し、3年次の「工学演習Ⅱ」では課題を自分で

設定して取り組む。「工学演習Ⅱ」のシラバスでは次のように記載されている。

　第1～3週：インターネット検索、オンライン公募などにより情報を収集し、その中で電気電子技術で解決可能な問題を抽出し、解決方法を企画し、設計する（3週後に企画書（設計図、使用部品リスト、作業工程を含む）を提出）。
　第3週：企画書を提出、説明する。
　第4～14週：機器の製作あるいはソフトウェアの開発とその評価（必要に応じて作製、開発にフィードバック）
　第15週：結果を報告書にまとめ、プレゼンテーションする。

- これらの創成型授業での専門知識の活用を見ると、「工学演習Ⅰ」では、電子回路に組み込むマイクロプロセッサのプログラミングのために、1年次の「プログラミング演習」、2年次の「プログラミング応用演習」の知識が必要となり、また3年次の「工学演習Ⅱ」では、ライントレースロボットを製作するために、それまでの講義・演習・実験で身につけた電気回路、電磁気およびプログラミングに関する知識が必要となる。
- 「工学演習Ⅰ・Ⅱ」は元々「卒業研究基礎実験」という科目であったものを発展させて、JABEEの認定取得時に創設した経緯がある。企業への就職でも、こうしたエンジニアリング・デザイン能力が求められるようになり、同学科は推薦での就職も多く、その企業の期待に応えるためにも、エンジニアリング・デザイン能力の育成に力を注いでいる。

秋田大学　工学資源学部　機械工学科　（2010年度調査）

【アクティブラーニング科目の4年間の流れ】

授業形態	1年次		2年次		3年次		4年次	
	前期	後期	前期	後期	前期	後期	前期	後期
関連科目			工業力学	機械加工プロセス学	機械設計学	生産システム学		
一般的AL		流れ学	工業力学演習／機械実習／設計製図Ⅰ	熱力学Ⅱ	機械設計学演習／機械工学実験／設計製図Ⅱ／流体力学			
高次AL		ものづくり基礎実践	プロジェクトゼミ			創造設計演習／学生自主プロジェクト	創造工房実習	
ゼミ	初年次ゼミ／テクノキャリアゼミ						卒業課題研究（卒論）	

注1）　一般的AL：知識定着を目的としたアクティブラーニングのこと。
　　　高次AL　：知識を活用し、課題解決を目的としたアクティブラーニングのこと。
注2）　□囲みの科目は必修科目（コース必修を含む）

■アクティブラーニング科目の全体設計

- 秋田大学工学資源学部機械工学科では、「スイッチバック方式」と呼ばれる独自のカリキュラム設計を行っている。これは要素技術（何にでも使えるように幅広く）→ものづくり（絞って実践）→座学（幅広く）とスイッチバックしながらレベルがらせん状に上昇していくことを構想したものである。
- まず1年後期に「ものづくり基礎実践」が置かれ、これは教養基礎科目に対応しており、学科の90人中80人が履修する。続く2年の「プロジェクトゼミ」は専門基礎科目の知識に対応しており、学科学生の半数くらいが履修する。さらに3年の「創造工房演習」は必修科目となっている。これらの創成型科目は専門科目の知識に対応して、ステップアップしながら、それぞれのステージの知識を活用した「ものづくり」科目として設定されている。例えば「ものづくり基礎実践」は3つに分かれており、設計ではストローでグライダーを作り、構造と強度の重要性を学ぶ。熱流体では、あきたこまちを美味しく炊くことで、温度管理や伝熱について学ぶ。メカトロニクスでは、レゴブロックでロボットアームを作る。
- 1年次に通年で1つのものづくりに取り組ませることで、学生に「知識の不足」を感じさせ、失敗することでモチベーションを高めることが狙いである。ものづくりがそれとして上手く行くかどうかは、あまり問題ではない。
- 2年では「機械実習」があり、その技術を使って「プロジェクトゼミ」でものづくりに取り組む、というように設計されている。「プロジェクトゼミ」

- には、例えば「たたら製鉄プロジェクト」があり、そのために必要な「ふいご」まで製作させる。
- また3年では「機械工学実験」があり、そこで修得した知識や技術は、4年前期の「創造工房実習」で活かされる。以前の「機械工学実験」の内容は、型通りのテーマで実験して終わりだったが、それを創成授業と繋げることで、効果を上げることを狙っているのである。この「創造工房実習」では、計画→計画発表→製作に加え、コンペも行っているが、コンペの結果は成績とは直結させていない。たまたまうまくいくこともあり、そのプロセスが評価に値しないというケースもあるからである。
- 従来は「ものづくり」は4年になってから取り組ませていたが、現在では1年からスイッチバック方式で「ものづくり」を組み込んでいる。スイッチバックに乗った学生は、座学でも積極的になるのが実感できている。
- さらに、「学生自主プロジェクト」が設けられていて、これは課外活動でありつつも2月に発表会と質疑応答があって、審査の上で単位が付与される。この中の発電プロジェクトは、横手市で予算がつけられている。1プロジェクトは5〜10名で、教員が必ず付く。

日本大学　生産工学部　建築工学科　（2011年度調査）

【アクティブラーニング科目の4年間の流れ】

授業形態	1年次 前期	1年次 後期	2年次 前期	2年次 後期	3年次 前期	3年次 後期	4年次 前期	4年次 後期
講義	建築構法Ⅰ 住宅設計入門	建築構法Ⅱ 住居学	建築構造力学Ⅰ 建築仕上材料 建築計画論 設計情報	建築構造力学Ⅱ 建築応用力学Ⅰ 建築構造材料 施設計画 公共建築論	建築構造力学Ⅲ 建築応用力学Ⅱ 建築環境工学 鉄筋コンクリート構造	建築振動工学		
一般的AL			建築構造力学Ⅰ演習	建築構造力学Ⅱ演習 建築応用力学Ⅰ演習 建築実験Ⅰ	建築構造力学Ⅲ演習 建築応用力学Ⅱ演習 鉄筋コンクリート構造演習 建築実験Ⅱ	建築実験Ⅲ		
高次AL	ベーシックデザインⅠ	ベーシックデザインⅡ	空間設計Ⅰ 建築設計演習Ⅰ	空間設計Ⅱ 建築設計演習Ⅱ	総合設計Ⅰ 企画設計演習Ⅰ インテリアデザイン演習	総合設計Ⅱ 企画設計演習Ⅱ	総合設計Ⅲ 特別設計Ⅰ	特別設計Ⅱ
ゼミ	建築探訪				ゼミナールA	ゼミナールB	卒業研究 卒業設計	

注1)　一般的AL：知識定着を目的としたアクティブラーニングのこと。
　　　高次AL　：知識を活用し、課題解決を目的としたアクティブラーニングのこと。
注2)　□囲みの科目は必修科目（コース必修を含む）

■ゼミ

- 1年前期の必修科目として「建築探訪」がある。建築の学び方、見学会、レ

ポート発表の仕方を学ぶ初年次ゼミ。2年次にゼミはなく、3年次は「ゼミナールA・B」→4年次「卒業研究」もしくは「卒業設計」となる。

■高次のアクティブラーニング

- 建築総合コースでは、1年次「ベーシックデザインⅠ・Ⅱ」、2年次「空間設計Ⅰ・Ⅱ」、3年次「総合設計Ⅰ・Ⅱ」、さらに4年次には卒業研究のほかに「総合設計Ⅲ」が必修で配置されている。
- 「ベーシックデザインⅠ・Ⅱ」では、有名建築の解読図面表現と住宅設計を行う。
- 「空間設計Ⅰ・Ⅱ」では、レストハウス、住宅、オフィス記念館の設計を行う。
- 「総合設計Ⅰ・Ⅱ」では、集合住宅、図書館、小学校の設計を行う。
- 「ベーシックデザインⅠ・Ⅱ」に専門知識を提供するのは「建築構法Ⅰ」「建築構法Ⅱ」である。
- 3年前期「総合設計Ⅰ」は共通課題に取り組むが、3年後期「総合設計Ⅱ」では教員とテーマを選択して取り組む。
- 「総合設計Ⅲ」は意匠だけではなく構造や設備設計も含めてオフィスビルなどの設計を行い、これは卒業研究のためのトレーニングという位置づけになっている。
- 建築環境デザインコースでは1年次は建築総合コースと同じで、2年次には「建築設計演習Ⅰ・Ⅱ」が3コマ連続で配当されている。3年次には同じく3コマ連続で「企画設計演習Ⅰ・Ⅱ」が配当され、4年次には卒業研究以外に「特別設計Ⅰ・Ⅱ」が配置される。これらのアクティブラーニングでは学生30人を2人の教員が担当する。
- 居住空間デザインコースでは、1年次の「ベーシックデザインⅠ・Ⅱ」に専門知識を提供するのは「住宅設計入門」「住居学」。2年次の「建築設計演習Ⅰ・Ⅱ」は2コマ連続となっている。3年次には「建築設計演習Ⅲ」「インテリアデザイン演習」等、4年次には卒業研究のほかに「特別設計Ⅰ・Ⅱ」が配当されている。
- 生産工学部では開設以来1年次から設計の授業を行うのが特徴である。
- 設計の授業では、複数の大学院生がTAとして課題の受付等を補佐している。

関東学院大学　工学部　機械工学科　ロボットコース・システム専攻

(2011年度調査)

【アクティブラーニング科目の4年間の流れ】

授業形態	1年次 前期	1年次 後期	2年次 前期	2年次 後期	3年次 前期	3年次 後期	4年次 前期	4年次 後期
関連講義			熱力学Ⅰ・Ⅱ	メカトロニクス		制御工学		
一般的AL	工作実習Ⅰ	工作実習Ⅱ	機械製図／電気電子基礎プログラミング／電気・電子計測Ⅰ	メカトロニクス演習／2D-CAD演習	機械実験ⅡA／機械設計製図Ⅰ／3D-CAD演習／機械工学総合演習	機械実験ⅡB／機械設計製図Ⅱ		
高次AL		フレッシャーズプロジェクト	ロボットプロジェクトⅠ	ロボットプロジェクトⅡ	応用ロボットプロジェクトⅠ	応用ロボットプロジェクトⅡ		
ゼミ	フレッシャーズセミナー						卒業研究Ⅰ・Ⅱ	

注1）一般的AL：知識定着を目的としたアクティブラーニングのこと。
　　 高次AL　：知識を活用し、課題解決を目的としたアクティブラーニングのこと。
注2）□囲みの科目は必修科目（コース必修を含む）

■アクティブラーニングのプロジェクト科目について

- 1年後期の「フレッシャーズプロジェクト」、2年前期の「ロボットプロジェクトⅠ」、2年後期の「ロボットプロジェクトⅡ」、3年前期の「応用ロボットプロジェクトⅠ」、3年後期の「応用ロボットプロジェクトⅡ」が連続した課題解決型アクティブラーニングとなっており、全員が必修。

- このプロジェクトは機械工学科「ロボットコースシステム専攻」と、電気電子工学科系の「ロボットコース制御専攻」との合同授業として行われている。規模は定員レベルで両コースから20人ずつ。実際は合計で30人程度。各チームは2〜3人で編成し、両コースからの混成が多いが、必ず混成という決まりではない。教員は3人が協働して担当する。

- 2年次の「ロボットプロジェクトⅠ・Ⅱ」では2足歩行ロボットを4足歩行ロボットに改良する課題が与えられ、3年次の「応用ロボットプロジェクトⅠ・Ⅱ」では、それぞれが自由な発想でテーマを設定してロボットを改良開発する。

- この科目への専門知識の提供は、機械では「メカトロニクス」「制御工学」「3D-CAD演習」など。履修しなくても最低限の知識はプロジェクトの授業内で提供される。機械工学科の学生に対して電気電子工学科の科目である「電気電子基礎プログラミング」「電気・電子計測Ⅰ」等を履修するように指導する。

- 各プロジェクト授業ではセメスターの終了時に必ず競技会を行う。

- 各科目の単位認定は厳しく、2年前期の単位取得者は66％、2年後期では50％、3年前期は100％、3年後期は88％となっていて、単位が取得できなければ次の学年で再履修をしなければならない。

金沢工業大学　工学部　電気電子工学科　(2010年度調査)

【アクティブラーニング科目の4年間の流れ】

授業形態	1年次前期	1年次後期	2年次前期	2年次後期	3年次前期	3年次後期	4年次前期	4年次後期
一般的AL	入門電気磁気学／人間と自然I	入門電気回路／基礎電気磁気学	基礎電気回路／人間と自然II		専門実験・演習I・II	専門実験・演習III／人間と自然III		
高次AL	プロジェクトデザインI	創造実験I・II	創造実験III	プロジェクトデザインII				
ゼミ						コアゼミ	プロジェクトデザインIII	

注1）　一般的AL：知識定着を目的としたアクティブラーニングのこと。
　　　 高次AL：知識を活用し、課題解決を目的としたアクティブラーニングのこと。
注2）　□囲みの科目は必修科目（コース必修を含む）

■アクティブラーニング科目の全体設計

- 金沢工業大学では、多様な「高次のアクティブラーニング」が4年間連続し、かつ複数組み合わせる設計になっている。学部教育の柱となっているのがエンジニアリング・デザイン型創成授業で、具体的な科目としては1年次前期の「プロジェクトデザインI」、2年次後期の「プロジェクトデザインII」、そして4年次前・後期の「プロジェクトデザインIII」が挙げられる。
- 「プロジェクトデザインI」はエンジニアリング・デザイン（工学設計）課程の第一段階であるが、数人のグループに分かれ、授業の大半を使って自分で課題を発見し解決する創成授業である。1クラス50人程度。1グループ4〜5人でグループワークを行わせる。内容は以前は教員ごとにバラバラだったが、現在では教員マニュアルが作成され、内容・レポート回数・評価などが統一されている。
- 「プロジェクトデザインII」も、Iと同様の問題発見・解決型（解決案の創出・実行）の創成授業で、エンジニアリング・デザイン（工学設計）課程の第二段階にあたる。Iと異なるのは、専門知識が必要なレベルになっている点である。IIでは最後の発表として学年全体でのポスターセッションが必須行われるが、パワーポイントによるプレゼンテーションにしていない

- のは、グループワークを重視し、パワーポイントであれば個人作業が中心となってしまうのを避けるためである。
- 「プロジェクトデザインⅢ」は、卒業研究に該当するもので、その成果は企業や教育関係者が参加する「プロジェクトデザインⅢ公開発表審査会」において、全員が口頭発表する。
- このプロジェクトデザインには3年次が抜けているように見えるが、3年次後期には「コアゼミ」が置かれている。これは一般に「プレゼミ」と呼ばれるもので、「プロジェクトデザインⅢ」が始まってから研究テーマを探すのではなく、3年次後期に研究室配属から、つまり3年生から研究テーマを自ら探して提案し、4年次になるとすぐにスタートできるようにしている。この「コアゼミ」では4年次と3年次が一緒に学び、上級生が下級生の面倒を見ることのできる利点もある。研究手法等も上級生から学ぶことができる。この科目の導入により、「プロジェクトデザインⅢ」の内容が活発化してきている。
- もう一つ、「高次のアクティブラーニング」となっているのが、「創造実験Ⅰ・Ⅱ・Ⅲ」である。「創造実験Ⅰ・Ⅱ」は1年次後期に配置され、「創造実験Ⅲ」は2年次前期に配置される。科目名に「創造」とつくとおり、旧来の基礎実験とは異なり、創成授業となっている。例えばオシロスコープを用いた実験でも、最初からオシロスコープを与えてその扱い方を学ばせるという通常の実験科目の手順を取らない。まず、学生に「何を測りたいのか」を考えさせ、それに必要な機器としてのオシロスコープを、目的に応じて工夫して活用させる。そのプロセスの中でオシロスコープという機器の扱い方も身につけさせるという考えである。
- このように、金沢工業大学の「高次のアクティブラーニング」では、全学共通の必修科目（基礎実技科目）としてプロジェクトデザイン教育と創造実験の2本柱があり、それらが組み合わされ、かつ専門科目での専門知識とつながることで効果を上げるように設計されているのが特徴である。

近畿大学　理工学部　機械工学科　（2010年度調査）

【アクティブラーニング科目の4年間の流れ】

授業形態	1年次 前期	1年次 後期	2年次 前期	2年次 後期	3年次 前期	3年次 後期	4年次 前期	4年次 後期
関連科目		流れ学の基礎 材料力学の基礎	熱力学の基礎 流れ学 機械力学 材料力学 設計製図の基礎		熱力学			
一般的AL	機械製図	機械製図基礎演習	流れ学演習実験 材料力学演習実験 機械加工実習 機械製図実習 制御工学演習実験	機械工学実験	熱力学演習実験 機械力学演習実験 設計製図	応用機械製図		
高次AL						卒業研究ゼミナール		
ゼミ	基礎ゼミⅠ	基礎ゼミⅡ						卒業研究

注1)　一般的AL：知識定着を目的としたアクティブラーニングのこと。
　　　高次AL：知識を活用し、課題解決を目的としたアクティブラーニングのこと。
注2)　□囲みの科目は必修科目（コース必修を含む）

■アクティブラーニング科目の全体設計

- 機械工学科はJABEE認定を2006年度から受けている。
- 4年間一貫して必修で演習を配置している。演習科目の比率は4割に達する。
- アクティブラーニングとして2004年度から「演習実験」を置いている。これは、実験と演習を組み合わせたもの。
- 「卒業研究」（4年次）に連続するものとして3年次に「卒業研究ゼミナール」を置いている。
- 「基礎ゼミⅠ」（1年前期）は約10人のクラスで主にPBLに取り組む。
- 「基礎ゼミⅡ」（1年後期）はペーパーカーレースとロボットコンテストを行う。実際に作成するペーパーカーは、デザインレビューから始まり、企画・設計・製作・評価のPDCAサイクルが回るように計画されている。また、ロボットコンテストについては実際のロボットを用い、物理法則が支配する現実の世界での課題について考察・試行している。

岡山大学　工学部　機械工学科　（2010年度調査）

【アクティブラーニング科目の4年間の流れ】

授業形態	1年次 前期	1年次 後期	2年次 前期	2年次 後期	3年次 前期	3年次 後期	4年次 前期	4年次 後期
一般的AL	機械工学ガイダンス／機械工作実習	物理実験	材料力学Ⅰ／工業熱力学Ⅰ		流体力学Ⅰ			
高次AL			創成プロジェクト		創造工学実験	機械設計製図		
ゼミ								卒業研究

注1)　一般的AL：知識定着を目的としたアクティブラーニングのこと。
　　　高次AL　：知識を活用し、課題解決を目的としたアクティブラーニングのこと。
注2)　□囲みの科目は必修科目（コース必修を含む）

■アクティブラーニング科目の全体設計

- 「高次のアクティブラーニング」は、2年次前期の「創成プロジェクト」、3年次通年の「創造工学実験」が該当する。

- 同学科では1年次に「機械工学ガイダンス」が全員必修の導入科目として置かれ、そこではグループワークでバイクエンジンを分解→組立→動かすというアクティブラーニングが行われている。

- 「創成プロジェクト」は半期2コマ連続開講で必修。発想の訓練を行う。助教10人が付き、前半は座学で後半はものづくりに取り組む。前半は、オープンエンドの問題に対してアイデア競争を行う。そしてアイデアが出ない学生には発想法訓練を行っている。後半では具体的にものづくりに取り組み、それを4人グループ20チームで競う。シラバスから引用すると、第一段階では「発想ツール＝メカニカル発想法とブレインストーミング法を駆使して、『小惑星からのエネルギー獲得プロジェクト』と『五感関連製品の大学生発明工夫展』のOpen-Ended課題を発想させている。これらのリポート成果の発表・質疑応答訓練で、プレゼンテーション能力とディベート能力の練達の必要性を自覚させる」とある。第二段階では、「80本のストローとセロテープ1巻で高さH、張り出し量L、座屈荷重Wの積HLWが最大となる『ストローの斜塔』創成実験を試みる。モノ創成を実体験させるこの訓練では、単なる夢想的な発想ではなく、構造力学的考察や座屈理論などの専門知識を駆使した発想力の重要性を認識させることが最大の狙いである」とある。第三段階では「最終課題＝『金属ピース運び現代版からくり』を創成し、コンテストを実施する。アイデアの創出から物品の購入・加工・組み立てのすべてを学生自らが企画して、独創性と意外性なら

びにコミュニケーション能力を公開実験において発揮しなければならない」とある。
- 「創造工学実験」は3年次に通年で3コマ連続で開講される。機械工学科に一般的な実験科目は、四力学を中心に各研究室の代表的な実験を順繰りにやっていくというものだが、ここではそのような旧来の実験はほとんど行っていない。理由は、四力学は大学院入試でほとんどの学生が再度勉強し直すので、この科目で再確認をするのは重複となってしまうためである。そのため、この科目は「創成プロジェクト」の延長の授業として組み直されている。例えば、計測実験でモノの表面の粗さを計測する授業では、計測器の扱い方はしっかりと教えるが、何の粗さを計測するかは学生がグループワークで自分たちで考えて決める。ユニークなテーマでは女性の皮膚の粗さを計測し年齢との相関を考察したグループもあった。この「創造工学実験」は、「素材製作学」、「機械製作学」、「製作工学」などの講義での専門知識を活用する。金沢工業大学の「創造実験」とも共通した考えで行われている。

東邦大学　理学部　情報科学科　（2010年度調査）

【アクティブラーニング科目の4年間の流れ】

授業形態	1年次		2年次		3年次		4年次	
	前期	後期	前期	後期	前期	後期	前期	後期
関連科目	情報数理ⅠA プログラミングA	情報数理ⅠB プログラミングB	プログラミングC	アルゴリズムとデータ構造				
一般的AL	情報数理演習ⅠA プログラミング演習A	情報数理演習ⅠB プログラミング演習B	プログラミング演習C	アルゴリズムとデータ構造演習				
高次AL			プロジェクトⅠA	プロジェクトⅠB	プロジェクトⅡA	プロジェクトⅡB		
ゼミ						情報英語A・B	卒業研究A	卒業研究B

注1）一般的AL：知識定着を目的としたアクティブラーニングのこと。
　　高次AL　：知識を活用し、課題解決を目的としたアクティブラーニングのこと。
注2）□囲みの科目は必修科目（コース必修を含む）

■アクティブラーニングのプロジェクト科目について
- 情報科学科には「数理知能科学コース」と「メディア生命科学コース」が置かれている。プロジェクト科目は「メディア生命科学コース」の学生が必修。
- プロジェクトⅠA（2年前期）ⅠB（2年後期）、プロジェクトⅡA（3年前期）、ⅡB（3年後期）が「高次のアクティブラーニング」で、これらの科目は5～6年前に創設した。2年生と3年生の合同授業。目的は学生のモチベーショ

ン維持（モチベーション維持の視点は初年次教育にも取り込んでいる）。
- 従来の実験科目を改変し、学年を超えたグループワークを導入することで、コミュニケーション力を養成すると同時に、技術内容の理解をお互いに深めあうことを目指している。従来の実験科目は"個人が実験して、そこからプログラムを作成する"という流れの課題が多かったが、それを"グループでプロジェクトを企画→遂行する中でさまざまな課題に挑戦→お互いに理解を深め分かりあう"という流れに変えた。
- 具体的には、2年生16名、3年生16名の32名で1クラスとし、4クラスが同時に開講されており、2年間で順番に8テーマを学ぶ。8テーマは「JavaScriptによるシステム開発」「並列処理ソフトウェア開発」「PHPとMySQLによるWebシステム開発」「文字認識システムの作成」「コンピュータグラフィックス」「PageRankアルゴリズムの実装と生体情報処理への応用」「携帯端末上のソフトウェア開発」「遺伝子情報データの処理」。8人の教員で担当し、TAを付ける。学年混合にしない教員もいる。
- 2年生と3年生を組み合わせる意図としては、普段一緒でない学生同士での体験がコミュニケーション力やリーダーシップの形成につながるため。また3年生にとっては自分が分かっていないと2年生に教えられないというプレッシャーも期待している。
- テーマ間のつながりはない。講義科目との関連は、例えば「コンピュータネットワーク」という専門知識が「PHPとMySQLによるWebシステム開発」に、「コンピュータグラフィックス」という専門知識が「JavaScriptによるシステム開発」に関連するが、テーマによっては専門知識を学ぶ前にテーマに入る場合もある。その場合は、プロジェクトテーマで必要な専門知識はテーマの中で最初に教えている。
- 1セメスター14回の授業を2つに分けて7回で1テーマを終了する。7回目はプレゼンテーションをすることになっている。
- また各テーマは卒業研究にも繋がっていくことが多い。

第2部 2010〜2012年度「大学のアクティブラーニング調査」グッドプラクティス集　105

※「高次のアクティブラーニング」の「進んだ取り組み」には入らなかったものの、全体設計の優れた理系学科を2つ紹介しておきたい。

公立はこだて未来大学　システム情報科学部　（2012年度調査）
【アクティブラーニング科目の4年間の流れ】

授業形態		1年次 前期	1年次 後期	2年次 前期	2年次 後期	3年次 前期	3年次 後期	4年次 前期	4年次 後期
関連講義	共通				認知心理学				
	情報			情報デザインI 情報表現基礎II	情報デザインII 情報表現基礎III		ユーザ・センタード・デザイン		
	複雑								
一般的AL	共通	科学技術リテラシ CommunicationI 情報表現入門	CommunicationII 情報表現基礎I	CommunicationIII	CommunicationIV 認知心理学演習				
	情報			情報デザイン演習I 情報表現基礎演習II 情報処理演習I	情報デザイン演習II 情報表現基礎演習III 情報処理演習II	ヒューマンインターフェース演習	インタラクティブシステム コンピュータグラフィックス システムプログラミング モデル化と要求開発 ユーザ・センタード・デザイン演習		
	複雑			情報処理演習I AIプログラミングI	情報処理演習II	AIプログラミングII	複雑系科学演習		
高次AL（共通）						システム情報科学実習 →			
ゼミ卒研（共通）								卒業研究	

注1）　一般的AL：知識定着を目的としたアクティブラーニングのこと。
　　　 高次AL　　：知識を活用し、課題解決を目的としたアクティブラーニングのこと。
注2）　□囲みの科目は必修科目（コース必修科目を含む）

- 公立はこだて未来大学はシステム情報科学部のみの単科大学で、情報アーキテクチャ学科と複雑系知能学科の2学科で構成される。入試はシステム情報科学部で一括募集をし、1年次は全学共通教育を実施する。2年次より、情報アーキテクチャ学科は情報システムコースと情報デザインコースの2コース、複雑系知能学科は複雑系コースと知能システムコースの2コースに分かれ、専門教育へと入っていく。さらに、3年次以降では大学院進学を前提とした高度ICTコースが開設され、ここでは学士課程から大学院修士課程までの一貫教育を実施している。
- 一般的な情報工学科とのコンセプトの違いは、英語教育とコミュニケーション教育を一体化し、専門科目教育の土台として位置づけていることにある。
- 1年次必修の「Communication Ⅰ・Ⅱ」はいわば『ラーニングのためのラー

ニング』の科目で、英語をコミュニケーションのツールとし、情報の検索、理解、使い方、また、効果的に自分の考えやアイデアを伝える方法を、さまざまなメディアを使いながら学び、総合的なコミュニケーションスキルを高める教育を実施している。

■アクティブラーニング科目の全体設計
- 1年次前期の文章表現科目「科学技術リテラシ」と1～2年次の「Communication Ⅰ～Ⅳ」では、主張とそれを支える根拠について何度も考えることで、論理的思考法を身につけ、そのスキルを、3年次通期の「システム情報科学実習」や4年次の卒業研究で活かすという設計になっている。

■高次のアクティブラーニング
- 3年次通期の「システム情報科学実習」は全学必修の「高次のアクティブラーニング」科目である。毎週4コマ(1回2コマ連続×週2日)の授業と授業外活動により実施する。学生は、約20テーマのプロジェクトの中から、所属コースに関係なく自由にテーマを選択できる。教員から与えられるテーマは大枠的なもので、具体的な課題の設定は学生が自主的に決められるようにしている。教員から与えた最近のテーマの例としては、『複雑系の数理とシミュレーション』『函館の未来を拓くトランスファー』『北斗市ご当地キャラクターのデザイン』『魅惑的なハイブリッドミュージアム』『未体験レシピの探求～食の新世界をめざして～』などがある。
- 成果発表は、中間発表会(7月)と成果発表会(12月)の2回行われる。中間発表会は大学内部で実施される進捗報告である。成果発表会は、地元の高校生、企業、学内の教員・学生などを集めて実施される。テーマ毎にスペースが与えられ、そこでポスター・成果物の展示、口頭発表が行われる。また、3年生と教員は3プロジェクト分の発表の採点を義務付けられており、発表の仕方や活動内容などの観点から採点する。ここでの採点は、科目の成績には反映されないが、平均点を算出してその結果を最終報告書に明記しなければいけない。

工学院大学　グローバルエンジニアリング学部　機械創造工学科　(2012年度調査)

【アクティブラーニング科目の4年間の流れ】

授業形態	1年次 前期	1年次 後期	2年次 前期	2年次 後期	3年次 前期	3年次 後期	4年次 前期	4年次 後期
関連講義	数学Ⅰ 物理学Ⅰ	数学Ⅱ 物理学Ⅱ	物理学Ⅲ					
一般的AL	数学演習Ⅰ 物理学演習Ⅰ EDM A CSGE Ⅰ A	数学演習Ⅱ 物理学演習Ⅱ EDM B CSGE Ⅰ B	ECP Ⅰ A 物理学演習Ⅲ EDM C CSGE Ⅱ A	ECP Ⅰ B EDM D CSGE Ⅱ B	ECP abroad CSGE Ⅲ A	CSGE Ⅲ B CSGE abroad	CSGE Ⅳ A	CSGE Ⅳ B
高次AL					ECP Ⅱ A	ECP Ⅱ B		
ゼミ卒研							ECP Ⅲ	

注1）一般的AL：知識定着を目的としたアクティブラーニングのこと。
　　　高次AL　：知識を活用し、課題解決を目的としたアクティブラーニングのこと。
注2）□囲みの科目は必修科目

　当学科は、研究者を育成するのではなく、国内のみならず世界でも活躍できるようなグローバルエンジニアを育成することを目的に、工学部国際基礎工学科を発展させて2006年度に開設された。また、前身の国際基礎工学科は、日本で始めてJABEE認定を受けた学科で（2002年）、同認定は現学科に引き継がれている。

■アクティブラーニングの全体設計
- 本学科のカリキュラムの特徴は、企業とのコラボレーションも取り入れたエンジニアリング教育に加え、技術英語の修得にも力を入れているという点にある。まず、1・2年次には数学、物理学および4力学といった基礎科目を徹底的に学ぶ。次いで、2年次の「Engineering Clinic Program（ECP）ⅠA・B」では、基礎実験とチームに分かれての課題製作、3・4年次の「ECPⅡA・B」と「ECPⅢ」では、企業から提示されたテーマの解決に取り組み、学んだ知識の活用とその統合が図られる設計になっている。さらに、「Communication Skills for Global Engineers（CSGE）」といった英語修得の科目と海外研修科目とをこのカリキュラムと併走させることで、当学科がめざすグローバルエンジニアを育成するための独自のカリキュラムを構成している。

■高次のアクティブラーニング

- 3年次前期の「ECPⅡA」から4年次通期の「ECPⅢ」にかけては、企業からテーマをもらい、その課題を解決するための研究開発に取り組む。各チームには、教員2名に加えてそのテーマを与えた企業リエゾン（大学と企業の橋渡しをする企業側の人員）が1名つき学生にアドバイスを行う。プロジェクトによっては、大学と企業の間で機密保持契約が締結されることもあるなど、学生にとっては本格的な製品開発の現場体験となる。テーマ例としては、『輸液ポンプ・チューブの改良』『電動式サイドミラーの開発』『タイヤ用生ゴムの切断加工に関する研究』『半導体製品検査技術の改善』などがある。
- 「ECPⅡA」の前半2ヶ月間は、毎週企業からリエゾンを派遣してもらい、テーマの内容を説明してもらう。後半2ヶ月では、これを受け、各チームはどんな目標を立てて何を研究開発するのかということを決め企業に対してプレゼンテーションを行う。授業は週2回×2コマを使って行われる。また授業時間外でも、自主的に集まってディスカッションをしたり、先方企業に出向いて打ち合わせをしたりもする。
- 4年次通期の「ECPⅢ」では、3年次のころに比べて学生に時間があるので、授業のコマを時間割上にはプロットしておらず、製作物・開発成果の完成をもって単位化される。単位数は他学部での卒業研究と同等の8単位である。一般的に理系学生の卒業研究ではマスターの研究の手伝いを通して実施することが多いが、当科目は、学部生自身が持つ問題意識に基づいて研究開発に取り組むという意味で、教育に特化した科目であるといえる。
- 2年間では半期に1度プレゼン（中間発表）を実施し、企業のリエゾンにもこれに必ず参加してもらう。なお、4年次後期に実施する4回目のプレゼンテーションが最終となる。

(3) 文系学科

以下に評価が高かった学科を記す。

系統	大学		学部	学科	評価	調査年度
文・人文・外国語学系	日本女子大学	※	文学部	英文学科	◎	2011
	日本女子大学	※	文学部	日本文学科	◎	2012
	愛知淑徳大学	※	文学部	英文学科	◎	2012
	同志社大学	※	文学部	国文学科	◎	2011
	大阪女学院大学	※	国際・英語学部	国際・英語学科	◎	2012
	近畿大学	※	文芸学部	英語多文化コミュニケーション学科	◎	2011
社会・国際学系	共愛学園前橋国際大学	※	国際社会学部	国際社会学科	◎	2011
	立命館大学	※	国際関係学部		◎	2012
経済学系	名古屋学院大学	※	経済学部	総合政策学科	◎	2012
経営・商学系	産業能率大学	※	経営学部		◎	2010
	立教大学	※	経営学部		◎	2010
	立命館大学	※	経営学部		◎	2010
教育・教員養成系	島根大学	※	教育学部	学校教育課程 初等教育開発専攻	◎	2012
	愛媛大学	※	教育学部	学校教育教員養成課程	◎	2011

注) ◎:進んだ取り組み　※:以下に紹介する学科

日本女子大学　文学部　英文学科　（2011年度調査）

【アクティブラーニング科目の4年間の流れ】

授業形態	1年次		2年次		3年次		4年次	
	前期	後期	前期	後期	前期	後期	前期	後期
関連科目	アメリカ史1 イギリス史1 各分野の概論科目	アメリカ史2 イギリス史2 各分野の概論科目	アメリカ文学史1 イギリス文学史1 英語学概論1 各分野の概論科目	アメリカ文学史2 イギリス文学史2 英語学概論2 各分野の概論科目	各分野の概論科目	各分野の概論科目		
一般的AL	各分野の演習科目	各分野の演習科目	各分野の演習科目	各分野の演習科目	各分野の演習科目	各種の演習科目		
高次AL	基礎英作文1	基礎英作文2	英語論文作成法Ⅰ-1	英語論文作成法Ⅰ-2	英語論文作成法Ⅱ-1	英語論文作成法Ⅱ-2	卒業論文	
ゼミ							特別演習1	特別演習2

注1) 一般的AL：知識定着を目的としたアクティブラーニングのこと。
　　高次AL　：知識を活用し、課題解決を目的としたアクティブラーニングのこと。
注2) □囲みの科目は必修科目（コース必修を含む）

■アクティブラーニング科目の全体設計

- 英語運用能力（リスニング、スピーキング、リーディング、ライティング）を養成するための共通科目を基礎とし、その後にイギリス文学、イギリス文化

研究、アメリカ文学、アメリカ研究、言語・英語研究の5分野から講義科目、演習課目を選択していく。
- 卒業論文を英語でA4用紙30枚以上執筆することが必達の目標とされ、そこから逆規定されてカリキュラムが編成されている。現在の英文学科にはかつてのように英語が得意な学生だけでなく、「英語が上達したい学生」も多く入学しており、英語の学力にバラつきがあるということも与件となっている。
- 「高次のアクティブラーニング科目」としては、1年次に「基礎英作文」8クラス、2年次に「英語論文作成法Ⅰ」10クラス、3年次に「英語論文作成法Ⅱ」11クラスがそれぞれ必修で置かれている。
- 「基礎英作文」では、アメリカの教科書を使用して文法や構文の見直しなどを徹底している。コーディネーターが8クラスの内容を調整している。1クラスは20人弱で、大学院生のTAもつけている。
- 「英語論文作成法Ⅰ」では、前期がパラグラフ・ライティングを身に付ける。最初は1パラグラフからはじめ、パラグラフにはまずトピックセンテンス（導入部）があって、次にサポーティングセンテンスが（いくつか）続き、最後にコンクルーディングセンテンス（結論）がある、という構成を徹底的に教える。最終的には5パラグラフのエッセイが書けるようにする。後期では卒業論文を書くためのフォーマットを身に付ける。このようにして前期ではA4用紙1枚の文章量であったものが、後期では5枚の文章を書けるようにする。後期には専門に関連する5つの分野（イギリス文学、イギリス文化研究、アメリカ文学、アメリカ研究、言語・英語研究）から1つを選んで文章を書く。そのために図書館ツアーを行い、文献探索法などを教える。またこの段階でのテーマについての指導は、そのテーマを専門とする教員が指導するわけではない。
- この英語の文章はすべて教員が添削するが、最初から答えを教えない。間違いの種類を記号化してあり、その記号で添削をするので学生は具体的な間違いを自分で見つけて訂正しなければならない。単純に添削をすると学生がそのまま修正して英語力が身につかないので、これを回避するための工夫である。このようにして学生は翌週に第2稿を提出し、その第2稿を教員は評価する。つまり修正する力も含めて評価するわけである。学生

によっては、第3稿、第4稿の提出が必要になるケースもある。そうして、全学生の赤字がゼロになるまで続けられる。こうしたやり方は、日本女子大学では何十年も前から続けられている。

- 「英語論文作成法Ⅱ」は2年次後期に卒論テーマを調査し、その卒論テーマを専門とする教員が指導する。ここではA4用紙10枚以上の文章作成が必須とされている。
- これらの3年間の流れの先に、4年での特別演習＝卒業論文が位置づけられている。いわゆる各専門の「演習科目」は、この「英語論文作成法Ⅱ」や「特別演習」に専門知識を提供する位置づけで、そこが日本女子大学の独自性である。
- 専門知識の講義（例：「文学史」）は入門との位置づけで、「一般的アクティブラーニング」（例：「文学史演習」）で専門的な知識を定着させる。

日本女子大学　文学部　日本文学科　（2012年度調査）
【アクティブラーニング科目の4年間の流れ】

授業形態	1年次		2年次		3年次		4年次	
	前期	後期	前期	後期	前期	後期	前期	後期
関連講義	基礎講読 各分野概論 ●日本文学史Ⅰ～Ⅴ（各時代） ●古典文学講義Ⅰ～Ⅳ（各時代） ●近代文学講義Ⅰ～Ⅲ		日本語史 ●日本語学講義Ⅰ・Ⅱ ●中国文学史・中国思想史 ●古典文学特論Ⅰ ●近代文学特論Ⅰ・Ⅱ ●日本語学特論Ⅰ	●古典文学特論Ⅱ ●近代文学特論Ⅱ ●日本語学特論Ⅰ・Ⅲ ●その他の各分野関連講義科目				
一般的AL	変体仮名演習 ●文章表現法Ⅰ ●創作技法論Ⅰ	基礎演習 ●文章表現法Ⅱ ●創作技法論Ⅱ						
高次AL			●各分野・各時代の演習（日本文学－上代～近代、日本語学、中国文学、中国思想）（選択必修） ●日本語学演習1,2,3,7（選択必修）	●日本語学演習4,5,6,8（選択必修）				
ゼミ卒研					日本語日本文学予備演習（上代・中古・中世・近世・近代の文学、日本語学、中国文学など）		日本語日本文学演習Ⅰ・Ⅱ（上代・中古・中世・近世・近代の文学、日本語学、中国文学など） 卒業論文	

注1)　一般的AL：知識定着を目的としたアクティブラーニングのこと。
　　　高次AL　：知識を活用し、課題解決を目的としたアクティブラーニングのこと。
注2)　□囲みの科目は必修科目
注3)　●は、記載年次より上の年次でも履修可能な科目

専門教育における"原本を確認し、内容についてさまざまな角度から調査し、その内容を論理的に考察して、レジュメにまとめ、発表し、討議する"という一連の流れで身に付く能力を、社会人として応用の効く基礎的能力である"日

本語を正しく使って考える力"と結び付け、日本文学・日本語学の研究者・国語科の教員などの専門家の育成とともに、専門教育を通した社会人の育成に目標を置いている。学生が、どのような卒業論文を書いたかで、4年間の達成度が測られると考えており、そのために、入学時から"4年後に卒業論文を書く"ということを到達点として構成されたカリキュラムのもと、すべての教員が同じ認識で、協働して指導にあたっている。

■アクティブラーニング科目の全体設計
- 1年次前期に「変体仮名演習」、後期に「基礎演習」が必修となっている。
- 2年次以降では、「日本文学演習（上代・中古・中世・近世・近代の各時代ごとⅠ・Ⅱ）」、「日本語学演習（1～8）」及び「漢文演習」「中国文学演習」「中国思想演習」といった各分野、各時代の演習科目が選択必修になっているほかは、必修科目の縛りはほとんどない。各分野・時代の演習科目は、それに対応した講義科目（講義・特論）とセットになっているが、履修の順序や前提科目などの縛りはない。
- 3年次には、卒業論文作成の準備科目として、「日本語日本文学予備演習」が選択科目として配置されており、80％以上の学生が履修している。
- 4年次には、「日本語日本文学演習」が必修で、卒業論文執筆の指導にあてられている。上代・中古・中世・近世・近代の各時代の文学、日本語学、中国文学・中国思想などの分野に分かれ、希望人数が多い分野はⅠとⅡに分けて、少人数クラスを設定している。

■高次のアクティブラーニング
- 2年次以降の「日本文学演習（上代・中古・中世・近世・近代の各時代ごとⅠ・Ⅱ）」、「日本語学演習（1～8）」及び「漢文演習」「中国文学演習」「中国思想演習」、といった、各分野・各時代の演習科目が通年科目で14科目、半期科目で10科目あり、そこから2科目8単位以上が選択必修となっている。例えば、日本文学関連の演習では、古典では種々の韻文作品、散文作品を扱い、近代文学では女性文学を含む明治期以降現代までの種々の作品を扱っている。「日本語学演習」では、「文法」「日本語の音声音響学的分析」や「方言分布の解読による言語変化分析」などを扱い、中国思想演習では

『荘子』を扱うなど、多様なテーマを設定している。
- 演習授業では、学生が一人ずつ担当分野を割り当てられ、本文を読み込み、資料を蒐集して、それらに基づき、多様な角度から調査し、分析し、自分の論理的な考察を加えて、レジュメを作成し、授業で発表し、質疑応答を経て、最終的にレポートにまとめられるという流れは、どの科目も共通している。

愛知淑徳大学　文学部　英文学科　（2012年度調査）

【アクティブラーニング科目の4年間の流れ】

授業形態	1年次		2年次		3年次		4年次	
	前期	後期	前期	後期	前期	後期	前期	後期
関連講義								
一般的AL	基礎演習	Reading (UK culture) / Writing & Vocabulary (UK culture)	Practicum in English Linguistics I / Reading (USA culture) / Writing & Vocabulary (USA culture)	Practicum in English Linguistics II / III / Reading (AU culture) / Writing & Vocabulary (AU culture)	Reading (JPN culture) / Writing & Vocabulary (JPN culture)	Reading (Global culture) / Writing & Vocabulary (Global culture)		
高次AL		Discussion & Presentation (UK culture)	Discussion & Presentation (USA culture)	Discussion & Presentation (AU culture)	Discussion & Presentation (JPN culture)	Discussion & Presentation (Global culture)		
ゼミ卒研			専門演習 I	専門演習 II	専門演習III 課題実践		専門演習IV	

注1）　一般的AL：知識定着を目的としたアクティブラーニングのこと。
　　　高次AL　　：知識を活用し、課題解決を目的としたアクティブラーニングのこと。
注2）　□囲みの科目は必修科目

　英語学と英文学を合わせて学ぶという方針のもと、英語コミュニケーション能力を養成するために、基本的には少人数の授業で組み立てられている。

■アクティブラーニング科目の全体設計
- 核となるのは、1年後期～3年次で4つの文化を学ぶ基礎モジュール科目。これは、例えばイギリス文化やアメリカ文化を対象に、同じテーマのもとで「レクチャー（Lecture）」、「リーディング（Reading）」、「ライティング＆ボキャブラリ（Writing & Vocabulary）」、「ディスカッション＆プレゼンテーション（Discussion & Presentation）」の授業を週4コマ同時進行することで、相乗的に英語運用能力を養うことを目的としている。

■高次のアクティブラーニング
- 基礎モジュール科目では、1年後期は「UK Culture（イギリス文化）」、2年前期は「USA Culture（アメリカ文化）」、2年後期は「AU Culture（オーストラリア文化）」、そして3年前期は「JPN Culture（日本文化）」という4つの文化についてすべて英語で学ぶ。そこでは、あるテーマ（例えば『アメリカ合衆国での同性婚』）についてのレクチャーを学生全員で受講した後、10人規模のクラスに分かれ、そのテーマについてのリーディング、ライティング、ディスカッション、プレゼンテーションに取り組み、それらの運用能力を養う授業を行なう。高次と言えるのはライティング以降の段階で、与えられたテーマに対して、自らの課題を設定し、それを解決するために、自分の考えを書き、議論し、発表していくことが求められる。そのなかで課題解決を意識したリサーチスキルを養成することも意図されている。なお、3年後期には選択科目ではあるが、同様のモジュール科目で「世界の文化（Global Culture）」もある。

同志社大学　文学部　国文学科　（2011年度調査）
【アクティブラーニング科目の4年間の流れ】

授業形態	1年次		2年次		3年次		4年次	
	前期	後期	前期	後期	前期	後期	前期	後期
一般的AL			日本文学講読(広域A)	日本文学講読(広域B)				
高次AL	日本文学基礎演習		日本文学研究演習					
ゼミ					演習Ⅰ		演習Ⅱ	

注1）　一般的AL：知識定着を目的としたアクティブラーニングのこと。
　　　高次AL　：知識を活用し、課題解決を目的としたアクティブラーニングのこと。
注2）　□囲みの科目は必修科目（コース必修を含む）

■アクティブラーニング科目の全体設計
- 1年次に「日本文学基礎演習」がある。これはそれぞれの教員がそれぞれのテーマで取り組むが、全クラスで共通の指標が設けられている。共通テキストでは、文学研究入門、自発的学習意欲の誘発、課題発見・解決学習への意識転換、個人学習からチーム学習へ、が設定されている。
- 2年次の「日本文学研究演習」は、「日本文学基礎演習」がチーム研究、チーム発表であるのと対照的に個人研究、個人発表が課題となっている。
- 1年と2年のクラス分けは強制的。3年次から「演習」を選択する。

- 3年次の「演習Ⅰ」では個人発表か、個人発表とチーム発表の両方を行い、4年次の「演習Ⅱ」＝卒業研究は個人発表となる。
- グループワークを機能させるには、課題のハードルを上げるべきで、そうすれば自分一人ではできないとなる。下げると、単なる分担主義に陥る。
- 演習以外の科目は必修を設けず、自由に選択できる。

大阪女学院大学　国際・英語学部　国際・英語学科　（2012年度調査）

【アクティブラーニング科目の4年間の流れ】

授業形態	1年次		2年次		3年次		4年次	
	前期	後期	前期	後期	前期	後期	前期	後期
関連講義	Phonetics 1 Grammar 1	Phonetics 2 Grammar 2						
一般的AL			Study of Current World Event 1	Study of Current World Event 2				
高次AL	Integrated Reading & Writing 1 Integrated Reading & Discussion 1	Integrated Reading & Writing 2 Integrated Reading & Discussion 2	Theme Studies 1	Theme Studies 2	Academic Writing Advanced Presentation & Discussion Advanced Listening & Discussion	GP Writing Analytical Thinking	Persuasive Argument	
ゼミ卒研								Graduation Project

注1）　一般的AL：知識定着を目的としたアクティブラーニングのこと。
　　　高次AL　：知識を活用し、課題解決を目的としたアクティブラーニングのこと。
注2）　□囲みの科目は必修科目

　国際・英語学部のみの単科大学であるが、3専攻/5コースに分かれており、国際コミュニケーション専攻は、英語コミュニケーションコース、教職専修、国際協力コースからなり、国際関係法専修と国際ビジネス専攻はそれぞれ一つのコース（専修）で形成されている。大学となったのは2004年であり、短期大学からの伝統・蓄積がある英語教育において、アクティブラーニング導入が先行している。

■アクティブラーニング科目の全体設計

- 教養教育を除き、基本的に英語での授業。1年前期からすべてを「Project-Based Learning（PBL）」の手法で学ぶことと、1・2年次の設計に大きな特徴がある。
- 1年次の「Integrated Reading & Writing 1・2」と「Integrated Reading & Discussion1・2」は、教養教育と英語教育とが統合された取り組みである。

2年次には「Theme Studies1・2」や「Study of Current World Events1・2」を中心に難易度を上げてその取り組みを進め、リサーチ、ディスカッション、プレゼンテーション、ペーパーを書く力等、統合的な英語運用力を高める。いずれの科目も習熟度別に編成された20名程度のクラスで進められる。
- 3、4年次には、学習したい主領域を選び、英語を媒介言語として専門的な内容での学習を進め、4年次の「Graduation Project」(卒業研究)に取り組んでいく。

■高次のアクティブラーニング
- 1年次の前後期に「Integrated Reading & Writing 1・2」と「Integrated Reading & Discussion1・2」が必修科目とされている。ここでは、ひとつのテーマに関するエッセイと関連資料を読み(Reading)、テーマについて感じたこと、考えたことを意見交換して、異なる意見を踏まえながら自分の考えを固め(Discussion)、自分の意見を文章で表現し、エッセイとして完成させる(Writing)。いずれの授業も英語で行われ、テーマは「平和」「社会と価値観」「人権」「持続可能な社会」などを設定されており、ここで、エッセイ・ライティングでの論理展開力、ディスカッション能力、ペーパー(論文)作成能力の向上が養われる。また、グループワークを通して、読む、聞く、話すことの技術を磨いている。
- 2年次は「Theme Studies1・2」が必須。ここでも同様に共通テーマCommon Topicsを中心にして、読む(Reading)、書く(Writing)、話す(Speaking)、議論する(Discussion)のそれぞれのセッションを一人の教員が担当する。英語の4技能を統合的に使うことと同時に、必要な情報を集め、考察し、英語の文章にまとめる基本的なリサーチテクニックを習得することが求められる。

近畿大学　文芸学部　英語多文化コミュニケーション学科　（2011年度調査）

（2012年度より英語コミュニケーション学科）

【アクティブラーニング科目の4年間の流れ】

授業形態	1年次 前期	1年次 後期	2年次 前期	2年次 後期	3年次 前期	3年次 後期	4年次 前期	4年次 後期
一般的AL	Speaking 1A／Listening 1A／Reading 1A／Writing 1A／Pronunciation practice	Speaking 1B／Listening 1B／Reading 1B／Writing 1B	Speaking 2A／Listening 2A／Reading 2A／Writing 2A	Speaking 2B／Listening 2B／Reading 2B／Writing 2B	Topic Discussion A／Speeches&Interview A	Topic Discussion B／Speeches&Interview B		
高次AL		Communication Workshop 1	Communication Workshop 2A	Communication Workshop 2B	Presentation A	Presentation B		
ゼミ	基礎ゼミ				演習1A	演習1B	演習2A	演習2B

注1）　一般的AL：知識定着を目的としたアクティブラーニングのこと。
　　　高次AL　：知識を活用し、課題解決を目的としたアクティブラーニングのこと。
注2）　□囲みの科目は必修科目（コース必修を含む）

■英語プログラムにおけるアクティブラーニングの設計

- 英語運用能力を重視し、話せるだけではなく読むこと、書くことの教育に注力している。
- 1年次前期に全学共通科目（学科ごとに実施）の「基礎ゼミ」が必修で置かれ、習熟度別に8クラスに分かれる。4年間英語をどう学ぶか、リーディングやライティング、リスニングなどの基本に取り組み、教員によっては社会的な問題に取り組む場合もある。PCや図書館の使い方をはじめとするスタディスキル、アカデミックスキルについて身に付けることになっている。ただし、何をテーマとするかの内容については教員に委ねられている。
- 1年次のインプット科目が「Pronunciation practice」「Reading1A・B」「Writing1A・B」「Listening1A・B」「Speaking1A・B」で、アウトプット科目が「コミュニケーション・ワークショップ（CW）1」。CW1では学生同士の連帯と教員との関係づくりを目的にし、リサーチと発表を行わせている。CW1の上級クラスは英語のみで授業を行い、下級クラスは日本語も交える。
- CW1では、火曜日に8クラス、インプット授業を行い、金曜日に4クラス、アウトプットの授業を行う。アウトプットではプレゼンテーションの仕方、ゼスチャーの仕方、パワーポイント資料の作り方を教える。金曜日の授業は火曜日の2クラスが合同となり、インプット授業2人とアウトプット授業1人の計3人の教員が連携して授業を進める。学生が2人ペアでテーマに取り組むことも多く、学生同士の打ち合わせや討議も英語で行わせてい

る。最後に各クラスの代表が合同でプレゼンテーションを行う。ここではネイティブの英語ではなく日本人の英語で構わない、間違いも構わないというスタンス。

- 2年次のインプット科目が「Reading2 A・B」「Writing2 A・B」「Listening2 A・B」「Speaking2A・B」で、アウトプット科目が「コミュニケーション・ワークショップⅡ(CW)2」。CW2では小学校での英語教育を補佐したりするアクティブラーニングにも取り組む。
- CW2では5クラスになり、授業も週1回になる。
- 3年次はインターアクション科目として「Topic Discussion」「Presentation」「Speeches & Interviews」が置かれている。「Topic Discussion」では、社会的な問題を英語で読み、グループでディスカッションし、解決方法を探る。「Presentation」では、グループや個人でテーマ設定から行う。最後は英語で発表する。「Speech & Interview」では、英語でのスピーチとインタビューの方法を学び、実際に行う。「Presentation」は課題発見・解決型のアクティブラーニングといえる。
- ほとんどの授業がアクティブラーニングを含むが、トレーニングによる訓練的な知識・スキルの定着目的であることが特徴。

■専門分野カリキュラム
- 上記の英語プログラムと、5つの専門分野「通訳・観光英語」「ビジネス英語」「国際交流」「英語教育」「言語研究」が連動する設計となっている。このうち、「言語研究」は英語運用能力養成のための理論的裏付けを与える分野で、他の分野が英語運用能力を活用するのに対して、この分野は英語運用能力を補完する関係である。
- このうち、「国際交流」分野のゼミから20人程度が、学外プログラムとして模擬国連のイベントに参加している。

共愛学園前橋国際大学　国際社会学部　国際社会学科　(2011年度調査)
【アクティブラーニング科目の4年間の流れ】

授業形態	1年次 前期	1年次 後期	2年次 前期	2年次 後期	3年次 前期	3年次 後期	4年次 前期	4年次 後期
講義 一般的AL	●コミュニケーション技法 ●言葉と表現 ●カラーとビジネス ●キリスト教と文学 宗教論 ●初等音楽概説 ●初等理科概説 ●人々の生活と地理 生活科概説 ●日本史概説 ●図画工作概説 ●日本事情Ⅰ ●上級簿記	●考古学 ●東アジア比較文化論 教育と心理 教育課程論 ●現代ヨーロッパ入門 ●現代社会の中の心理学 ●自然と地理 ●初等家庭概説 ●初等国語概説 ●図画工作概説 ●日本事情Ⅱ	●ビジネスコミュニケーション ●心理学研究法Ⅰ ●第二言語教育論Ⅰ ●日本語教授法演習Ⅰ ●コミュニケーション論Ⅰ ●言語学Ⅰ ●ウェブデザインⅠ ●群馬の産業と社会Ⅰ ●絵画 教育と人間 ●こどもの生活と学び ●教育相談論 ●経営学Ⅰ ●算数概説 ●青年心理学 ●初等音楽科教育法 ●初等家庭科教育法 ●初等国語科教育法 ●生活科教育法	●群馬の言葉とこども ●心理学研究法Ⅱ ●第二言語教育論Ⅱ ●日本語教授法演習Ⅱ ●コミュニケーション論Ⅱ ●言語学Ⅱ ●ウェブデザインⅡ ●群馬の産業と社会Ⅱ ●造形 教育と社会 ●米文学 ●異文化理解 ●経営学Ⅱ ●こどもと家族 ●ヨーロッパの歴史と文化 教育方法・技術 ●臨床心理学 ●算数科教育法 ●初等社会科教育法 ●初等体育科教育法 ●初等理科教育法 ●図画工作科教育法	●翻訳・通訳演習Ⅰ ●地域とこども ●第二言語習得論Ⅰ ●英語学 ●英米地域研究 ●イスラームの歴史観と社会 ●ヨーロッパの社会と経済 ●英文学 道徳教育の研究 ●英語科教育法Ⅱ ●社会科・公民科教育法Ⅰ ●社会科・地歴科教育法Ⅰ	●地域史研究 ●翻訳・通訳演習Ⅱ ●シミュレーション ●英語科教育教材論 ●第二言語習得論Ⅱ ●英語学Ⅱ ●情報産業論「情報と職業」 ●特別活動・学級経営論 ●社会科・公民科教育法Ⅱ ●社会科・地歴科教育法Ⅱ		
	●国語表現		●手話の理論と実際 ●スピーチテクニック		●英語科教育法Ⅰ ●商業科教育法 ●情報科教育法			
高次AL	●電子商取引演習Ⅰ	●電子商取引演習Ⅱ	●児童英語教授法演習Ⅰ ●社会文化心理学	●児童英語教授法演習Ⅱ ●児童英語教材研究 ●総合科目：人間を考える		●総合演習		
	●児童英語概論		●電子商取引演習Ⅲ 学校フィールド学習A 英語圏留学・研修 ●海外フィールドワーク ●介護等体験		●児童英語教育実習 学校フィールド学習B ●日本語教育実習 ●教育実習・初等		●教育実習・中等A ●教育実習・中等B	
ゼミ	基礎演習Ⅰ	基礎演習Ⅱ			課題演習Ⅰ	課題演習Ⅱ	卒業研究	

注1)　一般的AL：知識定着を目的としたアクティブラーニングのこと。
　　　高次AL：知識を活用し、課題解決を目的としたアクティブラーニングのこと。
注2)　□囲みの科目は必修科目（コース必修を含む）
注3)　●は、記載年次より上の年次でも履修可能な科目
注4)　表中の科目は2011年度現在のものであり、またアクティブラーニング科目の一例であって、全てを記載しているものではない。

■アクティブラーニング科目の全体設計

- 現場に出て行くアクティブラーニング科目は2年生に多く設置されていて、そこで「何が足りないか」を自覚し、3年次に多く開講されている専門科目につなげる設計となっている。
- 初年次には「基礎演習Ⅰ・Ⅱ」が置かれ、3年次にはいわゆるゼミとしての「課題演習Ⅰ・Ⅱ」があり、4年次には「卒業研究」が置かれている。それをつなぐものとして、2年次には「高次のアクティブラーニング」として「電子商取引演習Ⅲ」「学校フィールド学習A」「英語圏留学・研修」「海外フィールドワーク」「介護等体験」「社会文化心理学」「児童英語教授法演習Ⅰ・Ⅱ」「総合科目：人間を考える」「児童英語教材研究」が置かれている。また情報・経営コースの科目として、1年次には「電子商取引演習Ⅰ・

Ⅱ」が設置され、これは2年次の「電子商取引演習Ⅲ」へと連続していく設計となっている。

■電子商取引
- この科目は、1年前期と後期、2年通期で行われる。バーチャル・カンパニーを立ち上げ、のちに地元企業とのコラボにより商品開発・販売へ発展したり、あるいはそれが現実の企業へと発展したりすることもある。その特徴として学年間の協働履修が挙げられ、下級生と上級生がチームを組んで問題解決に取り組む。1クラスのみで約25名。

立命館大学　国際関係学部　（2012年度調査）

【アクティブラーニング科目の4年間の流れ】

授業形態	1年次		2年次		3年次		4年次	
	前期	後期	前期	後期	前期	後期	前期	後期
関連講義	国際関係学Ⅰ	国際関係学Ⅱ						
一般的AL	基礎演習Ⅰ			国際関係学セミナー				
高次AL		基礎演習Ⅱ	グローバル・シミュレーション・ゲーミング					
ゼミ卒研					専門演習	専門演習	専門演習	専門演習／卒業論文

注1）　一般的AL：知識定着を目的としたアクティブラーニングのこと。
　　　高次AL：知識を活用し、課題解決を目的としたアクティブラーニングのこと。
注2）　□囲みの科目は必修科目
※専門演習と卒業論文は、規定上では選択科目であるが、海外留学など特別な事情がない限り履修しているため、必修として扱った。

　国際関係学(IR)専攻245名と、英語で授業を行うグローバル・スタディーズ(GS)専攻60名（日本人枠30名、留学生枠30名）に分かれている。両専攻のカリキュラムは基本的に共通で、ほぼ同じ科目が日本語と英語で並行して開講されている。2年次から「国際秩序平和」「国際協力開発」「国際文化理解」の3つのプログラム(GS専攻は「Governance and Peace」「Development and Sustainability」「Culture and Society」)から、所属するプログラムを選択する。

■アクティブラーニング科目の全体設計
- 1年次の必修科目「基礎演習Ⅰ・Ⅱ」で国際関係学の基礎を学び、2年次からは3つのプログラムから選択し、専門的な学びを進める。2年次後期か

ら留学をする学生が多く、学生の学び方が多様であるため、必修科目は少なく抑えられている。1年次後期の「基礎演習Ⅱ」の中の基礎ゼミナール大会、2年次前期の「グローバル・シミュレーション・ゲーミング」が全員参加で、低学年次のカリキュラムのコアとなっており、3年次からは「専門演習」でテーマ研究を開始し、卒業論文までつながる。

■高次のアクティブラーニング
- 「基礎演習Ⅱ」では、前半は「基礎演習Ⅰ」から引き続き、テキストを読み込んでの発表を行うが、後半に全員参加の基礎ゼミナール大会を実施。各班(それまでの班とは編成が変わる場合もある)が独自のテーマを設定し、研究した内容を出し合ってクラス内予選を行い、クラス代表班が基礎ゼミナール大会本選(IRもGSも合同)に出場する。基礎ゼミナール大会での報告の準備については、チューターによる指導は行われず、1年生が自力で報告をまとめる。
- 2年次前期には、「グローバル・シミュレーション・ゲーミング(GSG)」を実施。食糧問題や環境問題などの国際的な課題の解決に取り組む実践型の授業で、学生全員が、国際社会のアクター(先進国、途上国、国際機関、NGO、メディアなど)になりきって、課題設定、政策立案、交渉、合意形成という一連のプロセスを疑似的に体験する。クラスごとにアクターが決められており、学生は希望するクラスを選択する。本番までの授業では、テーマやアクターに関する基礎知識を講義で学んだあと、班ごとに担当するアクターについての研究を深め、戦略を練る。学生一人ひとりが、担当するアクターの分析、政策・活動の実施計画、GSGにおける獲得目標をまとめた行動計画を作成し、提出する。中間のアクタープレゼンテーションにおいて、各アクターが研究の成果とGSG本番での政策を表明し、その後、他国の政策を踏まえて各アクターは戦略を練り直す。本番の前には、二国間あるいは多国間での事前交渉も設けられ、政策の擦り合わせなどが行われる。本番は、土曜日の4コマ(終日)を使って、国家間交渉を繰り返し、合意形成をめざす。本番終了後には、アクターごとに総括として行動記録や成果をまとめるとともに、学生個人でも自分の行動計画と活動実績を検証した回顧録を作成する。

名古屋学院大学　経済学部　総合政策学科　（2012年度調査）

【アクティブラーニング科目の４年間の流れ】

授業形態		1年次		2年次		3年次		4年次	
		前期	後期	前期	後期	前期	後期	前期	後期
関連講義		現代社会入門　地域政策入門	総合政策入門	社会調査入門	現代社会調査法				
一般的AL		《経済学コア６コンペティション》			《経済学コア６ゼミ対抗コンペティション》	まちづくり政策論			
		基礎セミナー		→	演習				
		デジタルプレゼンテーション							
			データ表現技法						
			まちづくり入門	名古屋を考える	福祉社会論　地域コミュニティ論				
高次AL	授業			プロジェクト演習A	プロジェクト演習B	地域創造特講			
	イベント	「政策コンペ」			「政策フォーラム」			「卒業研究発表会」	
ゼミ卒研							政策演習	政策演習　卒業論文	

注1）一般的AL：知識定着を目的としたアクティブラーニングのこと。
　　高次AL　：知識を活用し、課題解決を目的としたアクティブラーニングのこと。
注2）□囲みの科目は必修科目

　従来の経済学部経済学科に加え、2000年に政策学科を開設。2012年に総合政策学科と名称変更。経済学科との連携を踏まえてのカリキュラム構築を行う。

■アクティブラーニング科目の全体設計

- 同学科のアクティブラーニング科目の全体設計としては、知識定着を目的とした「一般的アクティブラーニング」と課題解決を目的とした「高次のアクティブラーニング」を1・2年次で並行して走らせ、3・4年次の専門ゼミである「政策演習」と「卒業論文」に繋げている。

- 2種類のアクティブラーニングを並行して走らせているものの、「一般的アクティブラーニング科目」と「高次のアクティブラーニング科目」が独立に併存しているわけではなく、1年次の「基礎セミナー」、2年次の「演習」などの「一般的アクティブラーニング科目」を、『政策コンペ』『政策フォーラム』などのコンペティション・イベントを介在させることで、2つの性格にまたがるように設計していることが大きな特徴である。

- また知識の定着を意図した施策として1・2年次に、学内LAN上で1か月に60問、それを1年のうち10か月間（テスト期間を除く）問題を配信し、2年間で計1200問の問題を解くことを課す〈経済学コア6（シックス）〉がある。この「6」は経済学の6分野で、経済理論、経済政策、経済事情、経済

史、データ処理、法律・制度を意味している。eラーニングを用いた自習システムの導入は多くの大学で取り入れられているが、この取り組みの最大の特徴は、成績コンペティションと組み合わされることで実効性が担保されていることにある。具体的には、1年次には問題群の中からランダムにセレクトされた問題に全員で取り組む〈経済学コア6コンペティション〉が実施され、成績優秀者には褒賞がある。2年次にも全員参加でゼミ対抗のコンペティションを行うなど、基礎知識については、（書物を）単に与える・教えるだけでなく、学内外でインターネットにつながれば、いつでもどこでも学習できる環境と、学生が積極的にそれに取り組む仕掛けを導入している。

- このように1年次の『政策コンペ』を皮切りに、2年次以降の『政策フォーラム』、『卒業研究発表会』などのコンテストが、学生にとって単なる学習の成果発表の場としてではなく、「一般的アクティブラーニング」と「高次のアクティブラーニング」を結ぶ仕掛けであったり、学生のモチベーションを高めるなどの重要なイベントとして位置づけられている。これは、優秀な卒業研究については『卒業研究発表会（公開審査会）』でコンテスト形式で競うことまで一貫している。同時に、〈経済学コア6〉の1年次の成績コンペが個人単位で行われ、2年次にはゼミ対抗で行われるなど、同学科はコンペティション・イベントを随所に積極的に導入し、かつそれが実効性を保つように工夫されている点が大きな特色である。

以下に学年次ごとのアクティブラーニング科目およびイベントの配置を見た上で、「高次のアクティブラーニング」のつながりを抽出して記述していく。

■アクティブラーニングの年次進行
《1年次》
- 1年次には初年次ゼミとして「基礎セミナー」が置かれている。ここでは、授業時間内ではスタディスキルを学ぶことが中心だが、それに加えてゼミ対抗の『政策コンペ』で課題解決型のアクティブラーニングに取り組み、その成果を競うという「高次のアクティブラーニング」を含ませている。『政策コンペ』は、クラス対抗でゼミ代表を選び、7月上旬に予選会、7月

末もしくは8月に本選と表彰式を行うものであるが、アカデミックスキルの活用、および、専門教育への導入がその狙いである。そこでは、企業革新、地域創造、社会貢献、公共政策という4つの研究分野の中で、現状を調べたうえで改善策を議論し、解決策を発表する。グループで協力しながら、"考える"、"問題を発見する"、"調べる"、"分析する"、"報告する"ことを経験させて総合政策学科で学ぶための基礎を形成する。「基礎セミナー」および『政策コンペ』は「現代社会入門」と連携をとっており、途中、そこで『政策コンペ』の進捗状況の確認を行うなど、科目の枠を越えた柔軟な運用が行われているのも特徴的である。

- 「一般的アクティブラーニング科目」の「デジタルプレゼンテーション」、「データ表現技法」はほぼ必修であり、授業内でプレゼンテーションを必ず行う。

《2年次》

- 「演習」は必修科目で、専門に移行するための基礎固めと位置付けられている「一般的アクティブラーニング」に比重を置いた科目である。前半では輪読などの基礎知識定着型のアクティブラーニングを行い、後半では徐々にアウトプット型・PBL形式の課題発見と解決を含んだ授業へと高次化する。この科目の中で、全員参加のゼミ対抗の〈経済学コア6〉の成績コンペが行われている。また「演習」からは参加学生が後述する『政策フォーラム』にエントリーすることになる。

- 「プロジェクト演習A・B」（2年前期・後期）では企業革新、公共政策、社会貢献、地域創造の4つの大テーマから課題を選択する4〜6クラスがあり、そこでは教室学習と、フィールドワークを組み合わせた課題発見解決型実践演習を行なう。「プロジェクト演習」履修者は全員『政策フォーラム』へ参加する。1年次の『政策コンペ』では選択テーマ群を予め与えられるが、ここではテーマは学生が自分たちで設定する。

- 選択科目である「名古屋を考える」では、実際のケーススタディを中心とした学びを行なう。

《3年次》

- 専門ゼミとしての「政策演習」が通年で置かれている。これは4年次まで連続し「卒業論文」に連なるものとして位置づけられているが、3年次の

「政策演習」からはゼミ対抗のコンペである『政策フォーラム』への参加も行われている。
- 選択科目として「高次のアクティブラーニング科目」である「地域創造特講」が置かれている。これは2年次の「プロジェクト演習A・B」の上級科目であり、地域課題解決に取り組み、「プロジェクト演習A・B」を受講する2年生に実習指導を行うことで、コーチング力やコミュニケーション能力の育成を図っている。

《4年次》
- 専門ゼミとしての「政策演習」があり、そこで「卒業論文」に取り組む。

■高次のアクティブラーニング
- 1年次の「基礎セミナー」は授業内ではスタディスキルを主として学ぶため「一般的アクティブラーニング科目」に分類されるが、『政策コンペ』に全員が取り組む仕掛けを導入することで「高次のアクティブラーニング」の要素を実質的に持たせている。
- 2年次の「プロジェクト演習A・B」（前期および通期）は、1年次に学んだ「基礎セミナー」や「地域政策入門」「総合政策入門」「現代社会入門」などを通じて政策に関する基礎を修得した上で、教室学習とフィールドワークを組み合わせた課題発見解決型実践演習を行ない、全員が『政策フォーラム』に参加する。
- さらに3年次の選択科目「地域創造特講」では、2年次の「プロジェクト演習A・B」履修の学生とともにテーマに取り組み、コーチング力やコミュニケーション能力を育成する。

産業能率大学　経営学部　（2010年度調査）

【アクティブラーニング科目の4年間の流れ】

授業形態	1年次 前期	1年次 後期	2年次 前期	2年次 後期	3年次 前期	3年次 後期	4年次 前期	4年次 後期
関連科目	会社のしくみ	マネジメントの基礎	●コース専門科目 (ex. 株式会社の実務、マーケティング実践 etc)	●コース専門科目 (ex. 調査リサーチ活動の進め方 etc)				
一般的AL			事例に学ぶ経営分析 マーケティング情報演習 売上データ分析		●キャリア設計と企業研究 調査データ分析			
高次AL			ビジネス経営演習 経営コンサルティング演習 都市型ビジネス科目	フィールド調査の基礎	ユニット専門科目 都市型ビジネス科目	ユニット専門科目 マーケティング実践演習		
ゼミ	基礎ゼミ		2年次ゼミI (キャリア設計と自己開発)	2年次ゼミII (キャリア設計と業界研究)	3年次ゼミI (進路支援ゼミ)	3年次ゼミII (進路支援ゼミ)	4年次ゼミ(進路支援ゼミ) 卒業論文	

注1）　一般的AL：知識定着を目的としたアクティブラーニングのこと。
　　　　高次AL：知識を活用し、課題解決を目的としたアクティブラーニングのこと。
注2）　□囲みの科目は必修科目（コース必修を含む）
注3）　●は、記載年次より上の年次でも履修可能な科目

■アクティブラーニング科目の全体設計

- 「高次のアクティブラーニング」の設計には次のような大きな特徴がある。3〜4年次に置かれているいわゆる専門ゼミは、「進路支援ゼミ」としてキャリア教育の要素を大きく取り入れ、その代わりに、「コース専門科目」や「ユニット専門科目」「都市型ビジネス」などの科目群で、専門知識を活用した産学連携の「高次のアクティブラーニング」が手厚く行われている。
- まず「コース専門科目」はコースに分属する2年生から始まり、例えばビジネス経営コースでは、「株式会社の実務」で講義を受け、「ビジネス経営演習」でそれに連携しながらグループワークでビジネスプランを作成する。
- マーケティング情報コースでは、「調査リサーチ活動の進め方」で講義を行い、それとセットなる「フィールド調査の基礎」では「高次のアクティブラーニング」を行う。具体的には調査テーマを、例えば「自由が丘の駐輪場問題」や「自由が丘の飲料自動販売機のマーケットシェアと全国比較」、「自由が丘の犬種シェアと全国比較」等に設定し、①観察調査、②ヒアリング調査、③表現、④検証が順次行われる。
- こうした事例に代表されるように、4つあるコースすべてで講義と「高次のアクティブラーニング」が組み合わせられている。そこでの基本的な考えは、まず実践し、その後に座学で知識を学ぶという順番で、その意味では、2年前期の「高次のアクティブラーニング」は、まだ専門知識の活用というよりも「触発系」というべき性格のものと思われる。こうした順番で

の取り組みは、定量的には測定されていないが、授業アンケートで「モチベーションが上がった」等の回答も少なくない。

- 「ユニット専門科目」は4科目セットで5テーマが用意されている。5テーマとは、「ショップビジネス」「まちづくり」「心理・コミュニケーション」「広告・消費トレンド」「新事業・商品企画」である。3年前期および後期で、それぞれのテーマとも「高次のアクティブラーニング」と座学を組み合わせ、基本的に同じ日に連続2コマで行われる。

- 例えば「新事業・商品企画」というテーマでは、3年前期が「新事業・商品企画の基礎」という授業で、その前半は講義においてブックオフコーポレーション(株)の研究を行い、後半で新事業を考える。セットとなっている「ビジネスプラン作成演習」では、前半は講義で後半に実際に商品企画し外部のビジネスプラン・コンテストに応募する。さらに、3年後期では「新事業推進におけるマネジメント」が座学で、「新事業・商品企画の実践演習」がカルビー(株)の商品企画を産学連携で行うという「高次のアクティブラーニング」であり、この両者がセットとなっている。

- この「コース専門科目」と「ユニット専門科目」は選択必修だが、それ以外に「都市型ビジネス」という科目群が選択で置かれ、2年生が対象となる。ここでも自由が丘という街に根付いた「高次のアクティブラーニング」が行われている。「消費と文化」「ミュージック・エンターテインメント」「アミューズメント・ビジネス」「エディター養成プログラム」「アーティスト・プロモーション」「自由が丘イベントコラボレーション」の科目群で、エディター養成は40名程度が履修し、実際に取材を行い、雑誌を編集・制作する。アーティストプロモーションは15人が履修し、実際にコンサートを開く。「自由が丘イベントコラボレーション」も60人の履修がある。自由が丘商店街と目黒区との三者のコラボで、自由が丘商店街振興組合が主催する各種イベントの企画、運営面での参加、または自由が丘という街への貢献策として、自由が丘セザンジュ(街案内人)を担う。イベント参加としては「自由が丘スイーツフェスティバル」「自由が丘女神祭り」「学園祭」「クリスマスイベント」があり、教員は3人で担当する(内1名は振興組合より非常勤講師として参画)。さらに「インターンシップⅡ」の単位を活用して、3年生や4年生もこの授業に関わることができる。現在は20名

程度が関わっている。
- この「都市型ビジネス」の評価は、平常点（座学と実践への出席＋貢献度）、最後の役割ごとの個人レポート（アーティスト・プロモーションの場合、プロデューサー、会計・経理、プロモーター）等で決まる。楽しいというよりも学生同士の衝突があり、それをいかに乗り越えさせるのかがテーマとなっている。
- 初年次の基礎ゼミは通年で必修である。前期はスタディスキルを学ばせ、後期ではグループワークによるテーマ研究を行う。このテーマ研究は2～3時間でお茶を濁すようなものではなく実に13週にもおよび、かなり本格的な取り組みとなっていて、内容も「高次のアクティブラーニング」に分類される。
- 2年次のゼミは必修で、内容も共通テキストで進度も統一する。1クラス25人で編成され、グループワークは5人単位で行う。前期は講義→ビデオ→議論→発表というサイクルを3回繰り返し、「一般的アクティブラーニング」に分類される。後期のテーマは業界研究で、前期と同じサイクルを3回繰り返す。
- 3年次ゼミは「進路支援ゼミ」と呼ばれ、うち4週間は自己表現力を課題とし400字で文章を書いて添削して発表。28回の授業の内10回が就職支援関連を共通プログラムで行い、残りの18回が専門ゼミとなる。専門ゼミは調査→発表が基本で、教員によってはPBLも含むが、内容は教員の専門に依っており、PBL等の導入も統一されているわけではない。
- 4年次ゼミは学生が自分の就職予定の企業研究を行うことも含まれている。2011年度からは、そちらに比重を置く予定である。
- このように、3～4年次ゼミが業界研究、企業研究や、就職支援に比重が置かれているのは、キャリア教育では学生と教員が1対1で対話することが基本であるべきで、それはゼミでしかあり得ないという考えからである。その分、専門性が薄れるのを「コース別専門科目」や「ユニット専門科目」でカバーするという設計である。
- 同学部ではゼミは選択だが履修するのは96％で、ほぼ全員。4年次ゼミを受けた学生はA4・10ページのレポートを書く。卒業論文と違うのは、かける時間の差である。

立教大学　経営学部　（2010年度調査）

【アクティブラーニング科目の4年間の流れ】

授業形態	1年次		2年次		3年次		4年次	
	前期	後期	前期	後期	前期	後期	前期	後期
関連科目		●マーケティング	●ファイナンシャル・マネジメント ●マーケティング戦略論 ●財務分析					
一般的AL				BL3-A(経営学科) BL3-B(経営学科) BL3-C(経営学科)				
高次AL	BL0	BL1(経営学科) EAP1(国際経営学科)	BL2(経営学科) EAP2(国際経営学科)		BL4(経営学科) BBP(国際経営学科)			
ゼミ	初年次ゼミ		専門ゼミ		専門ゼミ		専門ゼミ 卒業論文	

注1）一般的AL：知識定着を目的としたアクティブラーニングのこと。
　　　高次AL　：知識を活用し、課題解決を目的としたアクティブラーニングのこと。
注2）□囲みの科目は必修科目（コース必修を含む）
注3）●は、記載年次より上の年次でも履修可能な科目

■アクティブラーニング科目の全体設計

- 専門演習以外に「ビジネス・リーダーシップ・プログラム（BLP）」が、「高次のアクティブラーニング」を組み込んだプログラムとして導入されている。

- ビジネス・リーダーシップ・プログラムは、BL0（1年前期　学部必修）→BL1（1年後期　経営学科必修）→BL2（2年前期　経営学科必修）→BL3（2年後期　選択）→BL4（3年前期　選択）と連続し、各学年前期に置かれているBL0・BL2・BL4が問題解決のグループプロジェクトで、BL1・BL3がスキル強化の授業として位置付けられている。

- 内容を見ると、1年前期のBL0は基礎演習とも呼ばれ、学部（370人）共通で全員必修。20人1クラスで18クラスが設置されている。この授業ではモスフードサービスとの産学連携で、ビジネスプランを学生に考案させ、それをプレゼン大会で発表させる。この時点では、経営学の専門知識は学んでいないため、専門知識の活用は目的に含まれていない。ここでの取り組みで、学生にはむしろ、知識への飢餓感を感じさせ、これを週1回の講義の「経営学を学ぶ」に対するモチベーションアップへつなげていくのが狙いとなっている。

- 1年後期に置かれているBL1は、経営学科は必修で10クラス設置。ここではスキルアップが目的とされ、例えばディベートでは東京電力と連携して「太陽光発電を全体的に導入すべきかどうか」というテーマを設定して、

学生が事実を分析して討議する。その分析の視点は基礎科目群の「マーケティング」で学ぶというように科目がリンクしている。

- 2年前期のBL2は、経営学科必修で8クラス置かれ、内容は日産自動車と産学連携での問題解決のグループプロジェクトで、「ファイナンシャル・マネジメント」等の専門知識の活用をしつつ、問題解決に当たる。
- 2年後期のBL3は選択科目で、「A・B・C」の3科目があり、Aは講義とグループワーク、Bはグループ討議やペアセッション、Cは対話法と添削による文章表現改善をテーマにスキルを高める。
- さらに3年前期のBL4は選択科目で20人程度が履修する。このBL4は起業グループプロジェクトと位置付けられ、大手IT企業と産学連携して行われる「高次のアクティブラーニング」となっている。「ファイナンシャル・マネジメント」はもちろん、その上位科目である「マーケティング戦略論」、「財務分析」等の専門知識を活用するものとして設計されている。
- この他に専門ゼミが2年前期〜4年後期にかけて置かれ、どのゼミでも必ずグループワーク、フィールドワーク、プレゼンテーション、レポート、時間外学習が必須とされている。ゼミは学部の8割が履修し、4年次は卒論執筆が中心となる。
- さらに、国際経営学科にはEAP（イングリッシュ・フォー・アカデミック・パス）やBBP（バイリンガル・ビジネス・プロジェクト）といった取り組みがある。

立命館大学　経営学部　（2010年度調査）

【アクティブラーニング科目の4年間の流れ】

授業形態	1年次		2年次		3年次		4年次	
	前期	後期	前期	後期	前期	後期	前期	後期
一般的AL				金融市場分析演習Ⅰ	金融市場分析演習Ⅱ	金融市場分析演習Ⅲ		
高次AL			アントレプレナー実践講座 起業活動インターンシップ演習	製品開発論 企業支援インターンシップ演習 産学協同アントレプレナー 起業活動インターンシップ演習	メディアデザイン論	プロジェクトマネジメント演習		
ゼミ	基礎演習Ⅰ	基礎演習Ⅱ	専門演習Ⅰ	専門演習Ⅱ プロジェクト研究 ●プロジェクトマネジメント演習	専門演習Ⅲ	専門演習Ⅳ	卒業特別研究	

注1）　一般的AL：知識定着を目的としたアクティブラーニングのこと。
　　　高次AL　：知識を活用し、課題解決を目的としたアクティブラーニングのこと。
注2）　□囲みの科目は必修科目（コース必修を含む）
注3）　●は、記載年次より上の年次でも履修可能な科目

■アクティブラーニング科目の全体設計
- 同学部では「基礎演習」は30年前ほどから行っていた。大規模大学では学生が孤立しがちであるために、丁寧に入門的なことを教える、高大接続を目的として置かれた。現在は通年で必修。1クラス30～35人、24～25クラス開講している。学生は前期でスタディスキルを学び、後期ではグループワークでテーマを選びPBLに取り組む。そしてそれを1年次のプレゼン大会で発表する。統一教科書が採用され、内容は年に4回、担当者の懇談会を開催して統一している。「基礎演習」では教員が希望すれば、SAがクラスについて、学生が生活に慣れるのを支援する。SAは教務的にも関わりレポートのチェック等も行う。
- 今まで、2年次では小集団授業がなかったが、研究を早めに始めたいという声もあり、「プロジェクトマネジメント演習」を設置。1年間開講の選択科目で、希望する学生が自分たちでグループを組み、自分たちでテーマを探して教員に依頼するか、または教員からテーマを提示してもらう。受講しているのは100人以下。1クラス10～12名で、1グループは3～5人。
- これまでは3・4年次に「専門演習」が開講されていたが、2011年度の2年次から「専門演習」を行うように早めることが決まっている。一つ目の理由は就職活動が早まり、ゼミの肝心な時に学生が抜けざるを得ないためである。もう一つの理由は留学する学生が増えたためである。ゼミを2～3年次に早めることで、3年次のゼミの終わりでゼミのレポートをまとめることができていると、就職活動でも有利になるとも考えられている。
- 専門演習が早まると、卒業論文は「卒業特別研究」として、より高度なことをやりたい学生のみの選択となる。留学に行く学生は2年次で留学し、帰国してから「プロジェクト研究」に加わる。(立命館大学の経済学部では以前、2・3年次にゼミを行っていたが、現在では3・4年次に戻している。理由は2年次の初めに専門演習を選択させるのでは、学生にゼミ選択の根拠となる知識が未だ十分形成されておらず、また4年次の位置づけも難しいためである)。
- 「プロジェクト研究」は、2年次にゼミに入らない学生、希望が通らない学生の受け皿にもなると考えている。2年次の「専門演習」は選択科目で全体の8割程度(留学する学生が5～10%なので)と予測されている。

■産学連携
- 「専門演習」では、各教員の企業からの受託研究に学生が参加するケースもある。
- 経営学科特殊講義では海外企業訪問やNFL訪問などもある。
- 「起業活動インターンシップ演習」では、テーマをもらった企業に問題解決のプレゼンテーションを行う。この中の京セラプロジェクトには毎年20〜30人の学生が参加する。
- 「産学協同アントレプレナー教育プログラム」がある。経営学部が中心となり、学部を超えて10年前から行っている。このプログラムは単位化され、他学部を含め120名（内経営学部が80名）が履修。年1回の発表の場が外部有識者も含めて設けられている。

■自主プロジェクト
- 正課外にプロジェクト団体があり、限界集落に入り込んで自律化を模索するなどの取り組みも行っている。

島根大学　教育学部　学校教育課程　初等教育開発専攻　（2012年度調査）

【アクティブラーニング科目の4年間の流れ】

授業形態	1年次 前期	1年次 後期	2年次 前期	2年次 後期	3年次 前期	3年次 後期	4年次 前期	4年次 後期
一般的AL	入門期セミナーI / 入門期セミナーII / 教職ガイダンス	教育原論			初等教育実践基礎IV / 初等教育実践基礎V			
高次AL		初等教育実践基礎I	初等教育実践基礎II	初等教育実践基礎III / 学習者研究 / 教材とカリキュラム	授業実践研究			
教育実習	学校教育実習I / 学校教育実習研究I		学校教育実習II		学校教育実習III / 学校教育実習研究II	学校教育実習IV / 学校教育実習V	学校教育実習VI	
ゼミ卒研							卒業研究	

注1）一般的AL：知識定着を目的としたアクティブラーニングのこと。
　　　高次AL　：知識を活用し、課題解決を目的としたアクティブラーニングのこと。
注2）□囲みの科目は必修科目

　教育学部は学部一括で学生を募り、1年次の後期で専攻を選択する仕組みになっている（音楽・美術・健康スポーツを除く）。ここには、「教員とは、科目の専門家であるだけでなく教育の専門家でもあるべきだ」という考え方に基づき、

1年次前期のうちに教育学部で学べる内容を一通り認識させた上で、専攻を選ばせたいという意図がある。

■アクティブラーニング科目の全体設計
- 「初等教育実践基礎Ⅰ（1年次後期）・Ⅱ（2年次前期）・Ⅲ（2年次後期）」、2年次後期の「学習者研究」「教材とカリキュラム」、3年次前期の「授業実践研究」というように、3年間連続して「高次のアクティブラーニング科目」を設置している。そして3年次後期の教育実習科目「学校教育実習Ⅳ」での実践に向け、それまでに学んだ教育学および教科教育の知識を、実際に活用できる知識へと発展させていくことを意図している。
- 多くの授業では、各教員が一方的な講義にならないよう授業を工夫しており、グループディスカッションなどを積極的に取り入れている。

■高次のアクティブラーニング
- 1年次後期の必修科目「初等教育実践基礎Ⅰ」は教育制度や教育行政をテーマとする授業である。教員は毎回のテーマに関連した問いを設定し、学生はその問いについての自分なりの答えをレポートにまとめて授業に臨む。ここで課される問いは、"解の無い問い"であり、授業ではそれを議題にグループディスカッションを行う。また授業では、書いてきたレポートを学生同士が相互に添削する仕組みも取り入れている。
- 2年次前期「初等教育実践基礎Ⅱ」は教育学、2年次後期「初等教育実践基礎Ⅲ」は教科教育に関する授業（論文講読）であり、いずれも選択必修科目であるがほぼ全員が履修する。両科目の授業の進行形態は同じである。まず、授業前に毎回課される課題資料を各自で読み込む。その上で、自分の持つ問題意識から課題を学生自らが設定して、その解決策とともにレポートにまとめて授業に臨む。授業ではそれを基にグループディスカッションが行われる。1年次前期「教職ガイダンス」、1年次後期「教育原論」「初等教育実践基礎Ⅰ」で学ぶ教育学に関する知識が活用される。
- 2年次後期の必修科目「学習者研究」では、算数もしくは国語のいずれかの授業コースを選択して学ぶ。グループに分かれて指導案を考え、それを模擬授業として実践するという形式で進められる。1年次後期から順次開講

される「各教科内容構成研究」「各教科教育指導法」で学ぶ教科内容や教科の指導法に関する知識が活用される。

- 2年次後期の必修科目「教材とカリキュラム」では、与えられたカリキュラムに適した教材について考えることをテーマとし、社会、理科、図画工作、家庭科、体育のいずれかの授業コースを選択して学ぶ。授業の進め方は、同時期に開講されている「学習者研究」と同じである。この授業においても、1年次後期から順次開講される「各教科内容構成研究」「各教科教育指導法」で学ぶ教科内容や教科の指導法に関する知識が活用される。
- 3年次前期の必修科目「授業実践研究」は、2つの取り組みから構成される。まず、各自が2年次の「初等教育実践基礎Ⅱ・Ⅲ」で学んだ教育に関する社会的課題を取り上げて、自分なりの解決方法をプレゼンテーションするため、3回分を所属するゼミでディスカッションし、内容を吟味する。そして、その内容を踏まえた形で一人一人が授業者として模擬授業をすることになる。3年次後期に教育実習が控えているため、実習生としての最低レベル以上の授業ができることに加えて、プレゼンテーションで発表した内容を模擬授業に反映させることも要求される。例えば、教育理念を意識した授業をすること、授業は教師にとっての社会へのアプローチの手段であるという意識を持つこと、市民的な責任を感じて教育をすること、"なぜ"を大事にした授業をすること、社会再生産、格差、男女差などといった教育的・社会的課題を念頭において授業をすることなど、学生は各々の問題意識をその模擬授業の中に反映させなければならない。

愛媛大学　教育学部　学校教育教員養成課程　（2011年度調査）

【アクティブラーニング科目の4年間の流れ】

授業形態		1年次		2年次		3年次		4年次	
		前期	後期	前期	後期	前期	後期	前期	後期
講義		教職科目（教科科目）							
一般的AL	現代的課題科目群		実践入門	特別支援教育概論	教職教養課題特講Ⅰ		教職教養課題特講Ⅱ	教職教養課題特講Ⅲ	
	地域連携実習科目群				実践力育成演習Ⅰ(地域連携実習)		実践力育成演習Ⅱ(地域連携実習)		実践力育成演習Ⅲ(地域連携実習)
高次AL	教育実習科目群			プレ教育実習 教育実践体験実習(1週間)			教育実習Ⅰ・Ⅱ 総合演習	教育実習Ⅲ	
	省察科目群				実践省察研究 ※リフレクション・デイ		初等教科省察研究Ⅰ・Ⅱ ※リフレクション・デイ		※リフレクション・デイ
ゼミ		新入生セミナー (観察実習含む)		●教科教育演習など	●教科研究など	プロジェクト研究Ⅰ	プロジェクト研究Ⅱ	卒業研究	

※リフレクション・デイは学期末に1日のみ行われる（科目ではない）。
注1）一般的AL：知識定着を目的としたアクティブラーニングのこと。
　　　高次AL　：知識を活用し、課題解決を目的としたアクティブラーニングのこと。
注2）□囲みの科目は必修科目（コース必修を含む）
注3）●は、記載年次より上の年次でも履修が可能な科目

■教育実習科目群

- 2年次に「プレ教育実習」と「教育実践体験実習」があり、後者は学生の出身校で教師の仕事全般について体験を通し学習をする（一種のOJTである）。前者は附属校園で行う。
- 3年次に必修であり法定の「教育実習Ⅰ・Ⅱ」が置かれている。
- 4年次には他校種(隣接校種)の学校現場を知りたい学生のために「教育実習Ⅲ」が選択として置かれている。
- 「総合演習(2012年度より「教職実践演習」に変更)」は、3年後期に設定された教員免許取得のための必修科目であった。しかし、2010年度の入学生から新たに「教職実践演習」が必修化されたことに伴って2012年度から廃止された。
- 「教職実践演習」は4年後期に配当され、全学で14クラス開講予定である。そこでは、「教職課程のディプロマポリシー」に即して、大学で学んだことすべてを統合して、どういう能力を身につけたか、それが教員として不可欠なレベルに達しているかを判断する。ラーニング・ログ等の記録を基にして、講義→討議→レポートの流れで進められ、提出されたレポートが特定のレベルに達していないと、補充的な学習を行わせる。リフレクショ

ン・デイで促すことと連動している。
- 「教職実践演習」については授業を欠席した学生、DPのレベルに達していない学生には、補講ではすべてに対応できないため、eラーニングで補習を行わせる予定である（2011年現在未実施のため）。

■省察科目群
- 上記の実習科目群とスイッチバックする形で「省察科目群」が後期に設置されている。以前は、法定の教育実習以外は座学のみだったが、実践と理論の大切さをさらに深く認識させるために「省察科目群」が設けられるに至った。1年後期の「実践入門」は前期を振り返り、2年後期の「実践省察研究」では「プレ教育実習」での経験を集中授業で省察し、3年次の教育実習に向けた自己の課題を明確化する。なお、「プレ教育実習」は「実践省察研究」の内容の一部である。
- 「実践省察研究」では、典型的な例を取り上げ、理論的に解明し討議する。ロールプレイなども行う。教科に限定せずに行われるため、学部の全教員が関わるが、教員志望ではない学生もいるため、選択科目となっている。
- 「リフレクション・デイ」は単位のある科目ではないが、すべての経験を総括して自己評価しつつ、ディプロマポリシーを踏まえて学習計画を立てる。年に1日をとって、学期末に行う。学校現場から招いた教員の実践事例を含む講話があり、それを受けて学生がディスカッションし、ポートフォリオを参考にしながら自己評価を行ってレポート提出する。それを大学の教員がチェックした上でアドバイスを行う仕組み。

■地域連携実習科目群
- 2年、3年、4年の「実践力育成演習（地域連携実習）」は、地域連携実習と呼ばれる教育体験活動の省察科目である。時間割の中に「教育体験枠」が設けられているが、その時間帯も含めた自由な時間を使って、自分の関心に基づいて地域教育の活動に参加するのが地域連携実習である。2～3つの活動に参加する学生が多く（年間ののべ時間数としては、数時間～30時間強が多い）、この振り返りをWeb上で行うとともに、「実践力育成演習（地域連携実習）」で、さらに理論と結びつけた省察を行う仕組みになっている。

■現代的課題・講義科目群
- 「現代的課題・講義科目群」は学校現場での課題について学ぶ。1年次「特別支援教育概論」は必修、2年次「教職教養課題特講Ⅰ」、3年次「教職教養課題特講Ⅱ」、4年次「教職教養課題特講Ⅲ」がある。「教職教養課題特講Ⅰ」は、教材活用の仕方や授業力を身に付ける等をテーマにグループワークを多用する。自分の専攻する教科に閉じず、講義を聞いて自分たちは何を学ぶべきか討議する。例えば理科の授業での教材作りやその活用を他教科、例えば英語を専門とする学生とともに考える。「教職教養課題特講Ⅱ」は非行問題など学校現場が他の機関と協働しながら解決して行く課題を考える。「教職教養課題特講Ⅲ」はディスカッション→グループワーク→プレゼンテーションの流れで行われる。

■ゼミ
- 初年次ゼミ（新入生セミナー）
　1年前期に、附属学校で授業の観察を行う「観察実習」がある。これは「初年次ゼミ」のうちの2コマを用いて、全員が行う。初年次ゼミが学部に任せられているため、このような内容として実施している。
- 専門ゼミ
　専攻によって異なるが、2年または3年から取り組み始めるものであり、卒業研究が必須となっている。
- プロジェクト研究Ⅰ・Ⅱ
　学生が自主申告して認定を受けると単位化される科目。全学共通で取り組まれ、同大学では有名な科目の一つである。
- 卒業論文
　教科ごとに教員がグループとして評価しているケースが多い。ただし決まりではない。

Ⅰ－2．知識定着を目的とした「一般的アクティブラーニング科目」の配置と他科目との連携

(1) 概説

　積み上げ型のカリキュラムが中心となる理系学科では、前提となる知識の習得を前の科目で完了しておく必要があり、いわゆる「教えっぱなし」は通用しない。このような理由から理系学科では「一般的アクティブラーニング」の導入が、基本的な専門科目で行われるのがスタンダードとなっている。

　例えば、機械系学科の場合は熱力学、機械力学、流体力学、材料力学の「四力学」と呼ばれる基本科目において、電気電子系の場合は「電磁気学」等々の基本科目において、「講義」科目と「演習」科目がセットになっているか、あるいは「講義」科目の中にアクティブラーニングが埋め込まれているカリキュラムが標準的である。

　このような理系学科の中でも、特に注目すべき取り組みが金沢工業大学の「『総合力』ラーニング」である。「『総合力』ラーニング」は、基本的にすべての科目の中にアクティブラーニングを取り入れるというもので、知識を学んだ後、自分で考え、討議し、場合によってはグループ活動を通じて、応用力を培うことが目的である。

　この「『総合力』ラーニング」を導入することで、同大学では講義だけの科目はなくなった。例えば問題になっている「問いかけ」について講義を聴いただけでは理解できない学生が多い授業では、レポートを書かせることで、「問いかけ」の意味が初めて理解できるようになった。

　また「『総合力』ラーニング」型授業の導入前と比べてQPA（GPAに相当）の点数が上昇した。例えば、電気工学科の高電圧パルスの授業は、例年何名かは単位が取れない学生がいたが、内容は年々難しくなっているにもかかわらず全員が合格するようになるという成果も生んでいる。

　一方、経済・経営・商学系学科および国際系学科については、「一般的アクティブラーニング」で進んだ事例は数少ない。経済系では、「統計学」や「マクロ経済学」「ミクロ経済学」などの知識積み上げ型の科目も多く設置されているが、それらの授業に演習などの一般的アクティブラーニングを組み込むことを制度化している大学は少ない。経営系では産業能率大学の「基本プログラム」（アクティブラーニング）と「バックアッププログラム」（座学）というシステムが、

制度的にアクティブラーニングに取り組むという点で、金沢工業大学の「『総合力』ラーニング」と同様に進んだ実践例である。

教育学系では「一般的アクティブラーニング」の導入が多く図られているが、資格取得との関連で必然的に積み上げ型のカリキュラムになるという側面があると見られる。

また、当然とも言えるが、語学系では語学の訓練的な意味合いでの「一般的アクティブラーニング」が導入されている。

(2) 理系学科

以下に評価が高かった学科を記す。

系統	大学		学部	学科	評価	調査年度
理学系	東京理科大学	※	理学部第一部	応用物理学科	◎	2012
	神奈川工科大学	※	応用バイオ科学部	応用バイオ科学科	◎	2011
	北里大学	※	理学部	物理学科	◎	2012
	近畿大学	※	理工学部	理学科数学コース	◎	2012
工学系	公立はこだて未来大学		システム情報科学部		◎	2012
	室蘭工業大学		工学部	情報電子工学系学科	◎	2010
	秋田大学		工学資源学部	機械工学科	◎	2010
	日本大学	※	生産工学部	建築工学科	◎	2011
	工学院大学	※	グローバルエンジニアリング学部	機械創造学科	◎	2012
	日本大学	※	理工学部	電気工学科	◎	2012
	関東学院大学		工学部	機械工学科ロボットコース・システム専攻	◎	2011
	金沢工業大学	※	工学部	電気電子工学科	◎	2010
	三重大学	※	工学部	電気電子工学科	◎	2010
	岡山大学		工学部	機械工学科	◎	2010
	東邦大学		理学部	情報科学科	◎	2011

注) ◎：進んだ取り組み ※：以下に紹介する学科

東京理科大学　理学部第一部　応用物理学科　（2012年度調査）

■一般的アクティブラーニング
- 1年次通期の基礎実験科目として「基礎物理学実験」が必修となっている。教員6名とTA4名で担当し実験とレポートの指導にあたる。実験テーマは、

直流回路、抵抗器およびダイオード、オシロスコープなど9テーマあり、学生はグループに分かれてローテーションでこなしていく。なお、前期・後期にそれぞれ2回、通期で全4回のレポート指導が挟み込まれている。
- 2年次通期で専門知識の基礎固めと知識の定着を目的として「物理学実験」が、必修科目とされている。授業は2コマ連続で実施される。「基礎物理学実験」と同様に1年間のローテーションで9つの実験に取り組む。1年次の「基礎物理学実験」とこの「物理学実験」の前期まではレポート指導を重視し、後期ではプレゼンテーション指導を重視している。

■講義科目との連携
- 1年次通期で専門基礎科目として「物理数学1演習」「力学1演習」、「電磁気学1演習」が選択科目として置かれており、これらに必要な知識を教える講義科目「物理数学1」「力学1」「電磁気学1」は必修となっている。これら講義3科目を履修しなければ2年次への進級を認めない。また演習3科目は選択となってはいるが、これらの講義科目と演習科目はセットであるとして全員に履修するよう強く推奨している。

神奈川工科大学　応用バイオ科学部　応用バイオ科学科　(2011年度調査)
■一般的アクティブラーニング
- 講義のみの科目はほとんどない。基本的に演習が組み込まれている。
- 例えば1年次後期必修の「分析科学」では、教員3人が担当し3クラスを能力別に編成して、毎回90分の授業中15分は演習に充てる。回収→採点→返却が必須化されている。
- 特に「バイオ実験Ⅱ」での高校生および大学生向けの教材づくり、「バイオインフォマティクス実習」での生命科学に関するイラストづくりはユニークな取り組みである。

北里大学　理学部　物理学科　(2012年度調査)
■一般的アクティブラーニング
- 2年次後期の必修科目である「コンピュータ機器制御」では、ライントレースロボット（床に引かれた線のとおりに走るロボット）を学生が製作し、自作

のプログラムによって走行させる。この科目では、専門知識の定着をはかるとともに、その応用の要素も含んでいる。

■講義科目との連携
- 講義科目と演習科目で同一の担当教員を配置し、授業内容をリンクさせるようにしている。具体的には、1年次前期の必修科目である「数学Ⅰ」と「数学演習」、1年次後期の必修科目である「力学Ⅰ」と「力学演習」、2年次前期の必修科目である「電磁気学Ⅰ」と「電磁気学Ⅰ演習」、2年次後期の選択科目である「電磁気学Ⅱ」と「電磁気学Ⅱ演習」がある。

近畿大学　理工学部　理学科　数学コース　（2012年度調査）
■一般的アクティブラーニング
- 1年次の「数学講究1・2」は、必修科目である「微分積分学1・2」、「線形代数学1・2」、「基礎解析学1」、「線形数学1」と選択科目「基礎幾何学」の授業内容を補足、復習し、演習を行う科目。2クラスに分かれ、各クラスを2人の教員が担当する。講義と講究の担当者は異なっており、異なる角度から指導することによって、つまずいている学生へのフォローとなる。講究の授業で、講義科目の定着度が分かるため、講義科目の担当教員にその状況がフィードバックされる。
- 2年次の「数学講究3・4・5・6」も「数学講究1・2」同様、講義科目の内容を定着させるために補足と復習、演習を行う科目。前期に「3・4」、後期に「5・6」を履修する。科目数が増えるのは、「群論」「集合と位相」「微分方程式」など対象となる専門講義科目が増えるためである。
- その他のアクティブラーニング科目としては、2年次の「計算機実習1・2」、3年次の「実験数理解析及び実習」がある（ともに選択科目）。「計算機実習1・2」はC言語などのコンピュータ言語を学び、プログラムを作成する。「実験数理解析及び実習」は　Mathematica（数学総合ソフト）を使って、数学の理解を深める科目である。
- 3年次では、数学講究が卒業研究のためのトレーニングに入るため、講義科目である代数学、幾何学、実解析学は、週2コマ連続開講の授業時間内に演習を行い、知識と技能の定着を図っている。

- 講義科目においても、毎回の講義時に小テストを行っている科目が多く、講義進度に追いついているかを学生自身が把握する機会になっている。

■講義とアクティブラーニング科目の連携
- 「数学講究1・2」の教材担当1人と授業担当4人、「微分積分学」1人、「線形代数学」1人の合計7人の教員で、1年次の基礎的な科目をチームとして指導している。

公立はこだて未来大学　システム情報科学部　（2012年度調査）
■一般的アクティブラーニング
- 1年次の「Communication Ⅰ・Ⅱ」と2年次の「Communication Ⅲ・Ⅳ」は全学必修科目で、授業はすべて英語で行われる。
  「Communication Ⅰ・Ⅱ」では、授業は週2コマ設けられ、1つのコマは学びのスキルを学習するストラテジークラス（40人クラス×6クラスで実施）、もう1つのコマはストラテジークラスで学んだスキルを練習・活用するプラクティスクラス（20人クラス×12クラスで実施）となっている。授業ではパラグラフやエッセイの書き方の指導に重点を置くが、情報探索、引用方法、ブレインストーミング、主張の確立とその論拠構築のやり方など、効果的な情報コミュニケーションのための方法とプロセスを学ぶ。また、コミュニケーションを援助・促進するツールとして、さまざまなメディアに通じたテクノロジーの活用も、授業内の活動や課題発表で積極的に導入されている。
- 「Communication Ⅲ・Ⅳ」は、「Communication Ⅰ・Ⅱ」で学んだ内容の応用編という位置付けであり、授業はプロジェクト形式で進められる。例えば、学生がグループに分かれて、課されたテーマに対して、リサーチ、ディスカッションを通して意見をまとめ、発表を行う。課されるテーマやプロジェクトは担当教員によってさまざまである。
- 1年次前期の「科学技術リテラシ」は学部必修科目であり、論理的な文章を作成できること、資料の意図を理解できることなど科学技術系の文章をまとめるのに必要な技術を身につけさせることを狙いとしている。具体的には、資料の探し方、情報の読み取り方、テーマの決め方、論理的なアウ

トラインの構築プロセスなどを教える。また、学生には授業で作成したレポートを、学生同士で読み合わせて、改善点・修正点を互いにフィードバックさせたり、授業の終わりにその回の学びを振り返らせたりしている。

室蘭工業大学　工学部　情報電子工学系学科　（2010年度調査）
■一般的アクティブラーニング

- 2年次に、電気電子系と情報系のコースに分かれる。電気電子系コースでは「電磁気Ⅰ・Ⅱ」「電気回路Ⅰ・Ⅱ」は前期後期と連続するが、1科目が週2回開講で、講義と演習が1時間ずつ。これがセットで行われることが効果的と考えられている。しかも演習時には必ず15分の小テストを実施し、次の時間に採点・添削をして返却する。演習では、事前に演習の題を配布し、学生が自宅で問題に取り組んできて、授業で発表するというやり方も教員によっては採用されている。このシステムはJABEEの設定を取得した2008年度から導入されている。この組み合わせは講義が1クラス、演習は3クラスで構成され、各クラスがスピードやテスト内容を揃えるため、必然的にチームティーチングとなっている。

日本大学　生産工学部　建築工学科　（2011年度調査）
■一般的アクティブラーニング

- 2年後期に配当されている「建築実験Ⅰ」は必修科目の座学である「建築構造力学Ⅰ」「建築応用力学Ⅰ」「建築構造材料」等の科目をベースにして実験を行う。座学で知識を学び、それを実験で確かめるように組み立てられている。
- 3年前期に配当されている「建築実験Ⅱ」も同様で、「建築構造材料」「建築応用力学Ⅰ・Ⅱ」の科目での知識を確認するための実験となっている。
- 3年後期に配当されている「建築実験Ⅲ」では、「建築仕上材料」「建築環境工学」「建築振動工学」の知識やそれまでの実験を踏まえて総合的な実験を行う。
- 座学の「建築構造力学Ⅰ・Ⅱ・Ⅲ（いずれも必修科目）」は「建築構造力学Ⅰ・Ⅱ・Ⅲ演習（いずれも選択科目）」とのセットで行われている。

工学院大学　グローバルエンジニアリング学部　機械創造工学科

(2012年度調査)

■一般的アクティブラーニング

- 「Engineering Design and Machining(以下EDM)」は、1年次前期の「EDM A」から2年次後期の「EDM D」まで2年間連続して設置された選択必修科目であるが、ほとんどの学生が履修する。ものづくりを行う上で必須となる製図やCADを用いたプロセスとマネジメントを理解し、デザイン目標の設定と課題の抽出およびデザイン計画などについて学ぶ内容となっている。1年次前期の「EDM A」では、それまで設計について学んだことのない学生に対して、設計とはどのようなものなのかという根本から学ばせる。導入では玩具のチョロQ(R)を分解してそれを設計させるなどをし、その後パソコンを使って図学の基礎、CADの基礎を学んでいく。ここで学ぶデザイン・設計に関するノウハウ・知識が「ECP」で活用される。

- 「Engineering Clinic Program(以下ECP)」は、2年次前期の「ECPⅠA」から4年次通期の「ECPⅢ」まで続く3年間連続の必修科目である。2年次前期「ECPⅠA」は力学に関する基礎実験授業、2年次後期「ECPⅠB」ではチームに分かれて課題製作に取り組むことを通し、ものづくりの具体的な課題解決プロセスを学ぶ。

- 技術英語を教える科目として「Communication Skills for Global Engineers(以下CSGE)」がある。この科目は1年次前期の「CSGEⅠA」から4年次後期の「CSGEⅣB」まで4年間一貫して学ぶ選択必修科目である。ここでは、英語による技術的な内容のコミュニケーションのスキルを磨くほか、論理的思考力を養成するような内容についても学ぶ。

- 当学科の学生は必ず海外研修を経験しなければならない。海外研修に該当する科目は必修科目の「CSGE abroad」と選択必修科目の「ECP abroad」である。

  「CSGE abroad」はいわゆる語学研修であり、研修先は、アメリカ、オーストラリア、ポルトガルおよびフランスにあるいずれかの提携大学である。例年、3年次後期の1月下旬から3月上旬の間に出発し滞在期間は平均3週間程度である。

  選択必修科目の「ECP abroad」は、語学研修で挙げた大学のいずれかで、

それらの大学が現地の企業と連携して取り組んでいるプロジェクトに1ヵ月程度参加してくるというものである。当該科目は学科内で選抜される成績上位の学生が履修できる。2012年度では、学科70名中20名が海外大学でのプロジェクトに参加した。プロジェクトでは日本人が1つのプロジェクトに固まらないように分散して参加させる。学生たちはプロジェクトの中で、企業との英語でのやり取りや、帰国前に実施するプレゼンを体験してくる。「ECP」では例年アメリカやフランスから交換留学生を受け入れており、学生はこれらの交換留学生に向けて英語プレゼンをし、「ECP abroad」に備える。

■講義科目との連携
- 必修の基礎科目は、「数学Ⅰ・Ⅱ」と「数学演習Ⅰ・Ⅱ」、「物理学Ⅰ・Ⅱ・Ⅲ」と「物理学演習Ⅰ・Ⅱ・Ⅲ」という具合に講義と演習がセットになっている。また、力学についても選択必修科目である「熱力学Ⅰ・Ⅱ」「流体力学Ⅰ・Ⅱ」「材料力学Ⅰ・Ⅱ」では、各講義の中に演習が組み込まれている。特に物理学の教育には力を入れており、他大学の機械工学系の学科では物理学の学修を1年間で終了させているところを、当学科では1年半の期間を使っている。

日本大学　理工学部　電気工学科　（2012年度調査）
■一般的アクティブラーニング
- 1年次前期の必修科目「電気工学インセンティブ」と「電気工学スタディスキルズ」は2コマ連続で行われる授業で、第1回のみ理工学部共通の内容となっているが、第2回以降は学科独自の内容となっている。全教員18名がこれら2科目を担当するが、実験、プレゼンテーション以外の授業については、授業テーマごとの担当教員2〜3名が行っている。特徴的な取り組みとして5回分を使って行う教育支援体験講義がある。この授業は、学生にとって馴染みの薄い電気工学への学修意欲を高めさせることを意図している。なお、ここで行う実験は実際に学生にやらせるのではなく、教員が学生の面前で実験をやり、学生に視覚的に見せるというものである。また、実験の間にはグループプレゼンテーションと個人プレゼンテーショ

ンが組み込まれている。グループプレゼンテーションでは、4～5名のグループに分かれて、それまでにやった3つの実験テーマから1つを選び、それに対して課題の発見、調査をさせ、グループの代表者1名にプレゼンテーションをさせる。プレゼンテーションそのものは、当科目の履修者全員に向けて行うのではなく、教員が各グループの席を回ってプレゼンテーションを聞き、それに対するコメントや改良点を伝えるという形態である。

- また、最終の15回では、各学生が個別に取り組む個人プレゼンテーションが行われる。グループプレゼンテーション以降に行った2つの実験テーマから1つを選んで取り組む。個人プレゼンテーション前にグループプレゼンテーションを行っているのは、まずはグループでプレゼンテーションに慣れさせようという配慮からである。なお、両プレゼンテーションとも、評価は学科共通のプレゼンテーション評価シート（5段階評価）があり、これを使って行われる。

- 1年次必修の通年科目「電気ものづくり実験」と「電気工学基礎実験」はセットの科目で、「電気ものづくり実験」でははんだごてを使用してテスターや回路を製作し、「電気工学基礎実験」でその製作した回路の特性を測定・考察する。学科160人を2クラス・19グループに分けて、グループごとに実験およびグループディスカッションが進められる。

- 2年次通年の必修科目「電気工学実験Ⅰ」は3クラス・21班に分けて実施され、18の実験テーマに対しローテーションで取り組ませる。また最終回では、実験を通して身に付けた知識のまとめとして、全クラス共通の試験を実施する。

- 4年次前期の必修科目「電気工学実験Ⅲ」も2年次までの実験科目と同様にローテーションで進められる。

- 電気工学科で学んだことを確認させるための科目として、3年次後期「電気工学演習Ⅰ」と4年次前期「電気工学演習Ⅱ」がある。これらの科目では、講義と演習によりそれまで学んだ専門知識をおさらいし、両科目ともそれぞれ3回の達成度評価試験を実施して、それまでに学んだ専門知識を確認する。

■講義科目との連携
- 1年次前期の選択科目「電気回路の基礎（講義科目）」で得た知識の定着を図る選択必修科目「電気回路Ⅰ及び演習（演習科目）」は連携しているが、さらにこれら2科目の進捗は、「電気工学ものづくり実験」と「電気工学基礎実験」の進捗に合わせられている。
- 電気回路関連科目の講義科目と演習科目は、2コマ連続で実施し、演習では講義で教えた内容に関する問題を解くことになるよう、また講義科目とそれに関連する実験は必ず同年度の中に納まるよう設計されている。

金沢工業大学　工学部　電気電子工学科　（2010年度調査）

■一般的アクティブラーニング
- 「『総合力』ラーニング」は、総合力＝学力×人間力の修得を目指して基本的にすべての科目の中にアクティブラーニングを取り入れるというもので、2007年度からスタートしている。知識を身に付けた後、自分で考え、討議し、場合によってはグループ活動を通じて、応用力を培うことが目的である。
- この「『総合力』ラーニング」を導入することで教員からの一方的な講義だけの科目はなくなり、その結果「講義」という呼び方は使われず、学内では「授業」と一般的に呼ばれている。例えば電気機器の授業などでは、講義を聴いただけでは「問いかけ」が理解できない学生が多いが、レポートを書かせることで、問いかけの意味が初めて理解できるようになる。
- また「入門」で学んだことを「基礎」で繰り返し、「基礎」で学んだことを「応用」で繰り返すことが意図的に組み込まれている。例えば教養科目で学んだ数学を工学に活かせない学生が多い場合には、工学の専門科目の中で、教養科目の数学を復習させつつ毎回小テストを行う。そして成績評価への定期試験の比率をすべての科目で40％にとどめ、この小テストのポイントも加算している。
- 「『総合力』ラーニング」型授業導入以降、QPA（Quality Point Average＝他大学の「GPA」に相当）の点数が上昇するようになった。例えば、「高電圧パルスパワー」の授業は例年、単位が取れない学生が何名かいたが、内容が年々難しくなっているにもかかわらず全員が合格するという成果が出ている。

三重大学　工学部　電気電子工学科　（2010年度調査）
■講義科目との連携
- 学科の必修科目はすべて演習とセットで、宿題が出される。科目名に「演習」とつけているのは、担当教員に演習の実施を促すためのものであり、結果として、授業時間内での演習と宿題か、宿題のみかの違いはあるがすべての必修科目で演習が行われている。宿題は1日平均3時間くらいかかる程度のボリュームのものである。アンケートを取ると、電気電子の専門科目の時間外学習は全学平均の2倍にも達している。図書館利用率も電気電子工学科が全学の中で一番高い。
- 小テストを行う授業が半分程度。それを演習として次の時間に回答させる授業もある。

(3) 文系学科
以下に評価が高かった学科を記す。

系統	大学	学部	学科	評価	調査年度
文・人文・外国語学系	日本女子大学	文学部	英文学科	◎	2011
	日本女子大学　※	文学部	日本文学科	◎	2012
	新潟大学　※	人文学部	人文学科	◎	2011
	愛知淑徳大学　※	文学部	英文学科	◎	2012
	近畿大学	文芸学部	英語多文化コミュニケーション学科	◎	2011
社会・国際学系	共愛学園前橋国際大学※	国際社会学部	国際社会学科	◎	2011
経営・商学系	産業能率大学　※	経営学部		◎	2010
教育・教員養成系	椙山女学園大学※	教育学部	子ども発達学科	◎	2011
	島根大学　※	教育学部	学校教育課程　初等教育開発専攻	◎	2012
	愛媛大学　※	教育学部	学校教育教員養成課程	◎	2011

注）　◎：進んだ取り組み　※：以下に紹介する学科

日本女子大学　文学部　日本文学科　（2012年度調査）
■一般的アクティブラーニング
- 1年次前期の「変体仮名演習」は、原本にあたって古典を読み解く知識、能力を身に付けることを目的とした、4年間の学習の基礎となる科目である。

- 1年次後期の「基礎演習」は、古典の原本にあたり校訂本文を作成し、基礎的な資料の扱いや調査方法を学ぶ。レジュメの作り方、発表・討議の方法などを実践しながら学ぶ。「変体仮名演習」で学んだ知識を確実なものとするとともに調査・レジュメ作成・発表・討議と卒業論文まで続く、同学科での学習スタイルを身に付ける科目である。

■講義科目との連携
- 「日本文学演習」は「古典文学講義」「古典文学特論」及び「近代文学講義」「近代文学特論」と、「日本語学演習」は「日本語学特論」と、「中国文学演習」は「中国文学史」と対応するといった構成的なカリキュラムになっている。各分野時代ごとに専任教員がおり、対応する演習科目と講義科目は非常勤講師も含めて、その分野専門の教員が担当する。講義科目と演習科目はそれぞれが独立した科目であり、組み合わせでの履修をルール化してはいないが、ほとんどの学生がセットで履修する。講義科目を先に履修してから演習科目で自ら研究を深めたり、並行して履修したりすることも可能。

新潟大学　人文学部　人文学科　（2011年度調査）
■一般的アクティブラーニング
- 2年次の「○○概説」と「○○実習（実験）」「○○研究法」がセットになっている。このセットを同じ教員が担当することもあれば、別の教員が担当することもある。例えば「日本史」の場合は教員が4人在籍しているので、異なる教員が担当することもあり、その際にはチームティーチングで内容を調整する。「日本史」の実習では、古文書を実際に調べて文献目録などを作成する。日本史の専門知識の基礎となるスキルの修得が行われている。

愛知淑徳大学　文学部　英文学科　（2012年度調査）
■一般的アクティブラーニング
- 2年次の選択科目である「Practicum in English Linguistics　Ⅰ～Ⅲ」では、英語音韻論、音声学、英語形態論、統語論などの内容を学習した上で、実際の英語、例えば洋楽歌詞を題材にして調査・分析することで、英語運用に活かせるようにさまざまなトレーニングをして基礎知識を身に付けるこ

とが実践されている。
- モジュール科目の「レクチャー」を踏まえた「リーディング」では、単なる英文和訳ではなく、自分の問題設定を深く発展させていくことを意識した学びが行なわれている。

■講義科目との連携
- モジュール科目内における「レクチャー」は、同一テーマであることで、アクティブラーニングである「ライティング＆ボキャブラリ」、「ディスカッション＆プレゼンテーション」との連携が取られている。ただし、モジュール間での連携や、モジュール外の他の講義との内容上の連携はない。

共愛学園前橋国際大学　国際社会学部　国際社会学科　（2011年度調査）
■一般的アクティブラーニング
- 1年次の「コミュニケーション技法」「国語表現」「考古学」「東アジア比較文化論」から2年次以降の35科目まで、多くの科目が「一般的アクティブラーニング」である。
- それ以外の講義科目でも、ほとんどの科目でアクティブラーニングが行われている。ただし、金沢工業大学の「総合力ラーニング」のように制度化されているわけではない。その理由としては、開学初期に双方向型授業のFDを集中的に行い、その時の意識が共有されていることに加え、知識を定着させるためにアクティブラーニングを行ったことの効果を実感できており、学生にとってどのような授業がより良い授業かという視点が共有されているため。

産業能率大学　経営学部　（2010年度調査）
■一般的アクティブラーニング
- すべての科目は「基本プログラム」と「バックアッププログラム」に分類され、前者が実践科目、後者が理論科目という位置づけである。つまり、基本プログラムに分類される科目群では、一般的か高次であるかを問わずアクティブラーニングが組み込まれている。
- さらに2年次にコースに分かれ、コース専門科目が始まる。その中の例え

ばビジネス経営コースでは、「株式会社の実務」が講義科目で、それとセットになった「ビジネス経営演習」ではグループワークでビジネスプランを作成する。マーケティング情報コースでは、講義の「マーケティング実践」とセットで「マーケティング情報演習」が置かれ、後者ではビジネスゲームを導入して、定量的に評価できる実践に取り組ませている。

椙山女学園大学　教育学部　子ども発達学科　（2011年度調査）
■一般的アクティブラーニング
- アクティブラーニングの核となっているのは実習である。これを縦軸に、横軸として各教科が専門知識を提供する。
- 1年次前期に「ふれあい実習Ⅰ（観察）」で観察見学実習を行い、現場を知り疑問点を持つ。1年次通年科目の「ふれあい実習Ⅱ（参加）」では附属小学校での土曜教室で担任教師を経験して、体験と気付きを得る。ただし、この科目は40人しか選択できない。選択者以外は、「教育ボランティア」で補完している。

島根大学　教育学部　学校教育課程　初等教育開発専攻　（2012年度調査）
■一般的アクティブラーニング
- 1年次前期「教職ガイダンス」は教員の職務や倫理について学ぶ必修科目で、初等教育開発講座の5名の教員が担当し、各教員が自分の専門分野の授業をオムニバス形式で指導していく。アカデミックライティングの基礎を確認した上で、講義で数回課せられるレポートについて学生同士でレポートを相互評価させる試みにも取り組んでいる。単にスキル獲得だけを目的とした授業にせず、学生に知識が足りないことを認識させ、自ら学ぶ習慣付けをさせるよう工夫している。
- 1年次後期「教育原論」は教育に関する思想や哲学を教える必修科目で、Aクラス（初等教育系を志望する学生）とBクラス（中等教育系を志望する学生）に分けて実施される。学生は担当教員が提示する資料を読んでレポートを作成して授業に臨み、それを踏まえてディスカッションを行う。
- 3年次前期の必修科目「初等教育実践基礎Ⅳ」は、現在では教育評価と情報教育・ICT活用をテーマに講義が実施されている。教育評価を巡る歴史的

な問題を通して教育そのものを考えたり、ICTの進歩により学校教育そのものが問い直される状況に入っていることを考えさせたりしている。授業は、毎時間本時・次時に関連する課題が設定されていたり、ジグソー法やグループディスカッションなどを取り入れたりして進められ、学生の理解が深まるように工夫されている。

　(注) ジグソー法とは、あるテーマについて複数の視点で書かれた資料をグループに分かれて読み、自分なりに納得できた範囲で説明を作って交換し、交換した知識を統合してテーマ全体の理解を構築したり、テーマに関連する課題を解いたりする活動を通して学ぶ、協調的な学習方法の一つである(大学発教育支援コンソーシアム推進機構のホームページより)。

- 「初等教育実践基礎Ⅳ・Ⅴ（ともに3年次前期）」は教員としての専門性を定着させるための科目ではあるが、それらの授業では単に知識・スキルを身に付けさせるだけでなく、それを活用して考えさせる作業を意識的に取り入れている。「初等教育の専門性とは？」「専門の授業とは？」という教育の根幹に関わる問題について、自分自身で深く考えられるように育成するという指導方針に基づくものである。授業は、教員と学生の対話式で進められ、毎回のレポート課題やプレゼンテーションなどが取り入れられている。

- 3年前期(実質通期)の「学校教育実践研究Ⅱ」は、「学校教育実習Ⅲ」(6月・5日間)、「学校教育実習Ⅳ」(8月後半〜10月後半・4週間)の実習に向けての事前事後の指導を目的とした科目である。実習に向けてのグループでの取り組み（実習に向けての課題の整理、朝の会・帰りの会での講話、授業観察・記録の検討など）を行いながら「学校教育実習Ⅲ」まで取り組み、それ以降は算数・国語に分かれて協同立案授業のための準備を行う(1つの単元を実習生がグループで最後まで実践)。また、学級ごとに附属学校教員の指導を受けながら「学校教育実習Ⅳ」に臨む。「学校教育実習Ⅴ」は、初等教育以外の学校への理解を深めるため、11月に附属中学校において5日間の観察中心とした実習を行う。また、4年次前期に実施される「学校教育実習Ⅵ」は、希望者のみの選択であるが、附属小・中学校のいずれかで5日間の実習を行う。

愛媛大学　教育学部　学校教育教員養成課程　（2011年度調査）

■一般的アクティブラーニング

- 各教員にアクティブラーニングを取り入れている科目を申告してもらったが、一方的に喋るだけの座学に終始している授業はほとんどないことが判明した。
- ほとんどの科目で「一般的アクティブラーニング」が行われている。

【評価の視点Ⅱ】学部・学科による質保証、教育内容の統一・関連性確保

Ⅱ－1．アクティブラーニング科目の内容統一・科目間の関連性の確保

(1) 概説

　この項目については、明確に理系学科の方が教育内容の質保証を組織的に行っていることが明らかになっている。

　工学系の場合は比較的評価が高い。JABEEの影響もあるが、それ以前に理系学科全体として積み上げ型のカリキュラムになっており、学科の教育目標が明確に教員集団に共有されていることなどが理由として挙げられる。

　こうした質保証は当然、教員間の協働が必要となる。理系学科の多くでは、科目間の調整のための何らかの会議なり組織なりが制度的に、カリキュラム委員会や教務委員会の他に設けられている学科が多い。

　これに対して、文系学科では相対的に理系学科よりも取り組みが遅れているが、一方で進んだ取り組みの事例も増加してきている。先進事例だけを見れば理系学科と遜色がない。文系では、学部・学科によって質保証の面で大きな格差が生じているのではないかと考えられる。

　そして重要なことは、組織として教育内容や教育の質の保証に取り組んでいることは、アクティブラーニングの導入や設計のレベルと強い相関性を持っているということである。その点で、組織的に教育力強化に取り組む事例として、この評価項目に直接は該当しないが、それを背後で支えている愛媛大学の全学的な取り組みを紹介しておきたい。

　同大学では「教育コーディネーター」制度があり、全教員が「授業評価報告

書」を書くという決まりがある。

　また教員がティーチング・ポートフォリオを書くという取り組みも始まっている。どんな学生を育てたか、実践が対応しているか等について、教員がティーチング・ポートフォリオ作成のためのワークショップを経験してから書くのである。

　さらに同大学では希望する教員にはコンサルテーションやコーチングが提供され、学期の途中でも改善できるようになっている。年間20～30件のコーチングを受け、実際に授業アンケートでも、コーチングを受けた後の評価が向上することが確認されている。このコーチングプログラムは50種類のメニューが揃えられている。

　このような、取り組みがもっと多くの大学で進むことが重要である。

(2) 理系学科

以下に評価が高かった学科を記す。

系統	大学		学部	学科	評価	調査年度
理学系	東京理科大学	※	理学部第一部	応用物理学科	◎	2012
	神奈川工科大学	※	応用バイオ科学部	応用バイオ科学科	◎	2011
	近畿大学	※	理工学部	理学科数学コース	◎	2012
工学系	公立はこだて未来大学	※	システム情報科学部		◎	2012
	室蘭工業大学		工学部	情報電子工学系学科	◎	2010
	秋田大学	※	工学資源学部	機械工学科	◎	2010
	日本大学	※	生産工学部	建築工学科	◎	2011
	工学院大学	※	グローバルエンジニアリング学部	機械創造工学科	◎	2012
	日本大学	※	理工学部	電気工学科	◎	2012
	関東学院大学	※	工学部	機械工学科ロボットコース・システム専攻	◎	2011
	金沢工業大学		工学部	電気電子工学科	◎	2010
	三重大学	※	工学部	電気電子工学科	◎	2010
	岡山大学	※	工学部	機械工学科	◎	2010

注）◎：進んだ取り組み　※：以下に紹介する学科

東京理科大学　理学部第一部　応用物理学科　（2012年度調査）

- 学生実験「基礎物理学実験」「物理学実験」「応用物理学実験」で使用する学科独自の各テキストは、全教員での話し合いを経て完成させた。またこれら各実験科目でのシラバス、テキスト、評価基準は、それらを担当する各教員間での合意のもと共通化されている。例えば、1年次通期の「基礎物理学実験」で実験ごとに課されるレポートは、各実験を担当する教員がすべて評価・採点するため、同じ実験テーマの中での評価基準がぶれることはない。また、実験に関しては学科共通のテキストがあり、そこには各実験のやり方やそこで与えられる課題、成績の評価方法などが記載されている。
- 1年次通期の専門基礎科目の講義科目と演習科目（例えば「物理数学1」と「物理数学1演習」など）は、いずれも2クラスに分けて実施される。シラバス、テキスト、テスト及び評価基準は両クラス共通となっている。また、講義と演習は同じ週の中でセットで実施され、かつ講義・演習ともに同じ教員が教える。
- 3つの学生実験でのテーマ選択は、毎年教員間で話し合って修正を重ねており、また実験と講義の内容がリンクするよう、それに合わせて講義の内容も修正している。

神奈川工科大学　応用バイオ科学部　応用バイオ科学科　（2011年度調査）

- 「分析化学」3クラス、「バイオ工学基礎」4クラス、「バイオ化学基礎」4クラス開講などは進度もテストも評価も統一して進めている。
- 学科創設時には授業検討会も全員で行い、PDCAを回していたが、今は軌道に乗ったので、非常勤を含めて目標の共有をしている程度で授業検討会を行ってはいない。
- 科目の中で基礎教育支援センターの数学の教員（定年後の高校教員）に来てもらって教えてもらうなど、タイアップを強化している。

近畿大学　理工学部　理学科　数学コース　（2012年度調査）

- 科目系統図を作成して、4年間の科目のつながりを図式化している。現在、カリキュラムマップおよびナンバリング（注）の作成に入っている。

- 「数学講究1・2」は、2クラスに分かれるが、共通教材を用い、どの教員が担当しても授業内容は同じで、テストも共通である。

    (注)ナンバリング＝「入門レベルには100番台、中級レベルには200番台」のように、各授業科目に適切な番号を付し分類することで、学修の段階や順序等を表し、教育課程の体系性を明示する仕組み

公立はこだて未来大学　システム情報科学部　（2012年度調査）

- 同一科目に複数の教員が関わる科目では、担当する各教員がチームティーチングで指導する仕組みになっている。複数の教員が関わる科目には、同一科目を複数のクラスに分けて指導する科目と、全15回の授業を単元によって担当教員を分けて指導する科目がある。同一科目を複数のクラスに分けて指導する科目では、各クラスの担当教員の中から科目責任者を決めて、各クラスでの授業の内容や評価基準の共通性を図ったり、教員間での情報交換の場を設けたりしている。科目責任者は、複数教員で担当する全授業科目に設けられている。また、全15回の授業を単元によって担当教員を分けて指導する科目では、自分が担当する単元の前後や他の単元を担当する教員の授業を見学することで、単元間の繋がりや指導内容の過不足をチェックしている。
- 科目間の関連性を示すカリキュラムマップを、同大の共通教育組織であるメタ学習センターに所属するグループが作成中である。

秋田大学　工学資源学部　機械工学科　（2010年度調査）

- 科目間の連携については、教員の科目グループで調整している。これもJABEE対応の取り組みである。全体で助教まで含めて30名がいるが各グループは10名弱で構成されている。
- 学科としてパイロット的な試みは学科の上層部が率先して行っている。上が挑戦して成功させて、定着させるという仕組みになっている。

日本大学　生産工学部　建築工学科　（2011年度調査）

- 「建築構造力学Ⅰ・Ⅱ・Ⅲ」「建築応用力学Ⅰ・Ⅱ」は座学と演習（別科目）のセットで行われている。Ⅰ、Ⅱ、Ⅲともに3人の教員で担当し、授業で

使うテキスト、出される課題はすべて統一されている。
- 「鉄筋コンクリート構造」は2クラス開講で、統一されている。
- 上記のような構造系科目は基本的に2クラス以上に分けられていて、内容の統一と縦の連携も取られている。そのためのワーキンググループも設けられている。

工学院大学　グローバルエンジニアリング学部　機械創造工学科
(2012年度調査)

- 複数教員が関わって実施される「Engineering Clinic Program (ECP)」「Engineering Design and Machining (EDM)」では、授業の内容・進行に関して科目毎に月例会議を実施している。例えば「ECP」では、テーマをどう進行させていくかという議題が中心となる。

日本大学　理工学部　電気工学科　(2012年度調査)

- 講義科目、演習科目および実験科目で複数クラスに分かれて実施する科目は、テキスト、シラバスおよび評価基準は共通である。ただし試験は共通にはなっていない。

関東学院大学　工学部　機械工学科　ロボットコース・システム専攻
(2011年度調査)

- 「熱力学Ⅰ・Ⅱ(いずれも2年前期)」については教員が2人いるので習熟度別にして開講している。それ以外の科目担当は一人なので、同一科目を複数教員でというケースがない。
- 「フレッシャーズセミナー」と「フレッシャーズプロジェクト」から続くプロジェクト科目は複数開講で内容は統一している。

金沢工業大学　工学部　電気電子工学科　(2010年度調査)

- 金沢工業大学では、学生は教員を選ぶのではなく科目を選ぶ。このため、科目内容が教員ごとにバラバラであってはならない、という考えが徹底されている。
- 科目担当者会議が設けられていて、同じ科目名で複数開講の場合はすべて

内容統一が図られている。学年をまたがって行われる積み上げ型授業も、内容が調整される。

三重大学　工学部　電気電子工学科　（2010年度調査）
- 科目連携会議が5～6ある。基礎教育＋電気電子基礎分野、エンジニア教育分野、材料物性分野、電気電力分野、総合教育分野等である（2014年3月現在では、総合教育・エンジニア教育、電磁気学・物理学・化学・材料物性分野、電気電子回路、電機・電力分野、情報通信分野、数学の6つの科目連携会議がある）。材料科学は2人の教員で教え、教科書は同じものを使用する。
- 「プログラミング演習Ⅰ」と「プログラミング演習Ⅱ」、「制御工学Ⅰ」と「制御工学Ⅱ」などの積み上げ科目の内容連携は取れている。

岡山大学　工学部　機械工学科　（2010年度調査）
- 「創成プロジェクト」では、複数クラスを10人の助教で担当し、内容統一のためのマニュアルを作成し、毎年更新している。
- この「創成プロジェクト」は、10人の助教とTAが関わるため、内容をティーチングマニュアルで統一し毎年更新するとともに、成績評価においてはリーダーシップやチームワーク等をTAと教員で判定し、グループ点と個人点で評価している。

(3) 文系学科

以下に評価が高かった学科を記す。

系統	大学	学部	学科	評価	調査年度
文・人文・外国語学系	日本女子大学 ※	文学部	英文学科	◎	2011
	日本女子大学 ※	文学部	日本文学科	◎	2012
	愛知淑徳大学 ※	文学部	英文学科	◎	2012
社会・国際学系	共愛学園前橋国際大学 ※	国際社会学部	国際社会学科	◎	2011
経済学系	創価大学 ※	経済学部		◎	2010
	武蔵大学 ※	経済学部		◎	2010
	名古屋学院大学 ※	経済学部	総合政策学科	◎	2012
経営・商学系	産業能率大学 ※	経営学部		◎	2010
	立教大学 ※	経営学部		◎	2010
	立命館大学 ※	経営学部		◎	2010
教育・教員養成系	椙山女学園大学 ※	教育学部	子ども発達学科	◎	2011
	島根大学 ※	教育学部	学校教育課程 初等教育開発専攻	◎	2012
	愛媛大学 ※	教育学部	学校教育教員養成課程	◎	2011

注) ◎：進んだ取り組み　※：以下に紹介する学科

日本女子大学　文学部　英文学科　（2011年度調査）

- 「基礎英作文」「英語論文作成法Ⅰ・Ⅱ」「英語会話」やLL授業など、複数開講されている必修科目は必ず専任教員がコーディネーターをつとめ、内容の統一・調整を行っている。
- また「基礎英作文」「英語論文作成法Ⅰ・Ⅱ」は毎年1度、非常勤講師を含めて全体会議を行い、内容について検討・調整する場を設けている。

日本女子大学　文学部　日本文学科　（2012年度調査）

- 1年次前期の「変体仮名演習」は、3名の教員が1クラスずつ担当しており、取り扱う題材は各教員の裁量だが、シラバスにおける到達目標や授業の進め方は共通化している。
- 1年次後期の「基礎演習」は、5名の教員が分担して講義を担当するが、シラバスの到達目標、授業の進め方は共通。ただし、使用するテキスト、素材は各教員の裁量による。

- 学生、教員、卒業生で国語国文学会を組織。毎年1名の教員が、研究発表を行う。
- 伝統的に学科の教員間に壁がなく、複数（4人）が担当する「基礎講読」の授業もあるため、日常的に教員間の連携がとれている（「基礎講読」は、誰もが知っている古典の名著を題材に、古典分野の全教員が分担して講義を担当し、日本文学を研究するとはどういうことかを考える1年次前期の必修科目）。

愛知淑徳大学　文学部　英文学科　（2012年度調査）
- モジュール科目においては、コーディネーターがモジュール全体のコントロールと設計を行なう。そのコーディネーターを教務委員が評価することで、モジュール科目内のアクティブラーニングの教育内容の質保証をする仕組みになっている。そのほかのピアチェックや教員間でのコーチングは特に行なっていない。

共愛学園前橋国際大学　国際社会学部　国際社会学科　（2011年度調査）
- 同一科目複数クラスがあるケースについて、英語ではプレイスメント・テストを行い、習熟度別クラスにしている。英語の場合、年2回ある全員ミーティングで内容の調整を行っているが、後は教員それぞれが判断して進めている。コーディネータなどは設けていない。
- 例えば「経済学入門」では、高校の履修状況をアンケートで把握し、2クラスに分ける。2人の教員がそれぞれを担当し教員同士が協議して進め方を決める。試験は一部共通で行う。
- ⅠからⅡへと積み上がる科目で異なる教員が担当することは少ないが、該当するものについては調整をしている。
- 教員間の関係が密であるため、相互の授業を治外法権化しない文化がある。相互アドバイスも活発だが、制度化はされていない。

創価大学　経済学部　（2010年度調査）
- 理論、統計、歴史、IP（インターナショナル・プログラム）、JAS（ジャパン・アジア・スタディズ）の区分でそれぞれ科目担当者会を設置し、授業内容、授業のやり方、進度などについて議論している。

- 同一科目で複数クラス開講している科目には、「基礎演習」、「ミクロ経済学」、「マクロ経済学」、「経済数学入門A、B」、「基礎統計学」などがあり、これらの科目では、授業の内容、進度、テストが統一されている。
- 「ミクロ経済学」「マクロ経済学」は3クラス（3名の教員が各クラスをそれぞれ担当）に分けて開講され、共通テキスト・共通シラバスで、講義に演習も盛り込んで実施されている。

武蔵大学　経済学部　（2010年度調査）
- 「金融学概論」や「経営学基礎」はチームティーチングを行っている。例えば、「経営学基礎」ではビジネスコースに関わる全員で内容を決定して標準化が行われている。具体的には2人の教員で授業を担当するが、試験も統一している。「金融学概論」では、金融学科の教員が共同で作成した共通のテキストが使用されている。

名古屋学院大学　経済学部　総合政策学科　（2012年度調査）
- 1年次の『政策コンペ』がゼミ対抗になっているのは、教育成果をオープンにして、教員への刺激を与えることが目的の一つである。
- 〈経済学コア6〉を1年次は個人対抗のコンペ、2年次はゼミ対抗のコンペで成績向上を図る取り組みは、学生全員に一定の基礎知識の到達度を保証する試みである。
- 2年次の「プロジェクト演習A・B」は、元は一人の教員による1科目だけの内容だったものが、複数教員による複数科目へと拡大し、現在では約半数の学生が履修するところにまで至っている。

産業能率大学　経営学部　（2010年度調査）
- 複数クラスは「会社のしくみ」「マネジメントの基礎」が必修で3クラス開講され、統一シラバス、統一テキスト、統一テストで行われている。
- 主務者が中心となって、内容調整をしている。中間で再調整も行う。
- 積み上げ型の科目はない。
- ユニット専門科目とコース専門科目は2人以上の教員によるチームティーチングになっている。

立教大学　経営学部　（2010年度調査）

- 同学部のアクティブラーニング科目の中軸をなしているのが、「ビジネス・リーダーシップ・プログラム（BLP）」であるが（129ページ【評価の視点Ⅰ】での内容を参照のこと）、BL0は共通テキスト、共通テストで内容も統一されている。教員の会議も毎月1回開催（2012年度から毎週開催）される。
- BL2でもパワーポイントのスライドは統一し、コンテストを行うことで内容の平準化を図っている。
- 常時FD活動が行われている。特にBLPは各クラスにSAが1人つくが、SAは常時、授業内容やスライド内容、科目構成についての改善提案を行っている。
- BLPのみで行われている「匿名座談会」では、SAが選んだ学生4人程度が座談会を行い、テープ起こしをして匿名にして教員に閲覧させる。
- 「ミクロ経済学」、「マクロ経済学」、「経営学入門」などの複数開講科目は、統一テキスト等で内容を統一している。
- 「マーケティング」→「マーケティング戦略論」などの積み上げ科目の内容調整も学部として行っている。2011年度からはさらに、「ファイナンシャル・マネジメント」や「財務管理」等で積み上げ型科目の強化も図られている。

立命館大学　経営学部　（2010年度調査）

- 「基礎演習」では懇談会で内容を統一している。
- 必修科目は5クラス開講されており、テキストとテストを統一し、コーディネーターを置いて内容調整している。

椙山女学園大学　教育学部　子ども発達学科　（2011年度調査）

- 各教科に「〇〇指導法」（〇〇には国語や算数等の教科名が入る）の科目がある。これは各4クラスがあるが、一人の教員が全クラスを担当することもあれば、非常勤が半分担当することもある。教育内容の統一に関しては、科目によってなされている場合もある。
- 「ふれあい実習Ⅰ（観察）」はプログラムを担当者会議で作成している。

島根大学　教育学部　学校教育課程　初等教育開発専攻　（2012年度調査）

- 複数クラスに分かれて実施する科目は、シラバス、テキスト、評価基準のいずれも共通化されている。例えば、5クラスに分かれて実施する2年次前期の「初等教育実践基礎Ⅱ」が該当する。

愛媛大学　教育学部　学校教育教員養成課程　（2011年度調査）

- 各学部に学長直轄の教育コーディネーターが5～6名置かれ、広い視野で教育改革を推進している。
- 各学部に教職コーディネーター制度（教育コーディネーター制度と異なり、教職を目指す学生を支援する仕組み）がある。教職コーディネーターは所属する学部生の教職指導に責任を持ち、リフレクション・デイで提出された学生からのレポート・自己評価について点検を行い、コメントをして計画的な学習を促す。ただし、実習等では授業内にまでは介入しない。
- 全教員が「授業評価報告書」を書く。これは2002年度からで、教員が自主的にアンケートを実施することになっている。
- ティーチング・ポートフォリオに取り組んでいる。どんな学生を育てたいか、実践が対応しているか等について、ワークショップを経験してから書く。今まで100人中10人程度の教員が書いた。この執筆に当たってはメンターが設けられ、メンターは一度に1～2人程度しか担当できないため、このペースになっている。
- ディプロマポリシーに即して学生に評価してもらうアンケートも、全授業について実施している。
- コンサルティングやコーチングが、希望する教員には提供され、学期の途中で受けて改善されるようにしている。大学全体で年間20～30件のコーチングを受け、実際に授業アンケートでも、コーチングを受けた後の評価が向上することが確認されている。このコーチングプログラムは50種類のメニューが揃えられている。
- 現在は評価の実質化、統一基準の策定に取り組んでいる。

Ⅱ－2. 獲得させるべき能力と対応したアクティブラーニングを含んだカリキュラム設計

(1) 概説

この項目は、理系・文系学科とも、取り組みが遅れている。

ただし、工学系でJABEE認定を受けている場合、JABEEに対応した能力要素別の科目編成が行われることになる。

JABEEでは教育目標を以下の(a)～(h)に分類する。

(a) 地球的視点から多面的に物事を考える能力とその素養
(b) 技術が社会および自然におよぼす影響・効果に関する理解力や責任など、技術者として社会に対する責任を自覚する能力(技術者倫理)
(c) 数学、自然科学、情報技術に関する知識とそれらを応用できる能力
(d) 該当する分野の専門技術に関する知識とそれらを問題解決できる能力
(e) 種々の科学・技術・情報を利用して社会の要求を解決するためのデザイン能力
(f) 日本語による論理的な記述力、口頭発表力、討議などのコミュニケーション能力および国際的に通用するコミュニケーション基礎能力
(g) 自主的、継続的に学習できる能力
(h) 与えられた制約の下で計画的に仕事を進め、まとめる能力

その上で、例えば(a)の能力を身につけるには、どの科目とどの科目を履修すればよいのかが示されるのが一般的である。しかし、こうした能力要素を踏まえてカリキュラム設計が行われているだけでなく、学生に対してシラバスの上で個々の科目がどの能力要素と関連するか示されることも同じように重要である。

当然、1つの科目は1つの教育目標のみに対応しているわけではない。例えば(a)と(d)と(h)の複数を教育目標とし、しかもそれぞれに比重が異なるという在り方をする。それをシラバスに明示して、「この科目を取ると、これこれの能力要素が身につく」と学生にも分かるようになっていて初めて「進んだ取り組み」と言える。各科目の中で獲得すべき能力の比重に応じて「達成度評価」まで含まれていれば、さらに大きく進んだ取り組みと言えよう。

しかし、工学系でもそこまで踏み込んだ取り組みは、きわめて少ない。JABEEと接点を持たない学科では、こうした能力要素を明示している大学はさらに少ない。

文系学科では全体的には取り組みが遅れているが、実学的な学系以外でもいくつかの「進んだ取り組み」が始まっており、今後が注目される。

(2) 理系学科

以下に評価が高かった学科を記す。

系統	大学		学部	学科	評価	調査年度
理学系	神奈川工科大学	※	応用バイオ科学部	応用バイオ科学科	◎	2011
工学系	金沢工業大学	※	工学部	電気電子工学科	◎	2010

注）◎：進んだ取り組み　※：以下に紹介する学科

神奈川工科大学　応用バイオ科学部　応用バイオ科学科　（2011年度調査）

- 1年次後期の「応用バイオ実験」（**図表18**）では、最初に計画書を作らせ、それに教員がコメントを入れる。不十分なものは再検討させる。さらに発表の要旨を書かせ、発表を相互評価する。これは3年次前期の「バイオ実験Ⅳ」でも同様に行われる。また、この計画書には、能力チェック表があり、3年間実験を行うと基本的にすべての項目にチェックが入るように計画している。

科 目 詳 細	
授業コード	
科目名	応用バイオ実験
英文科目名	Applied Bioscience Laboratory
開講	1年次 - 後期
分類	分類III- 必修
必選	B：◎
教員名ヨミ	オカベ　マサル
教員名	岡部 勝、B科全教員教授
学習・教育目標 (学習目標とねらい)	バイオ基礎実験、バイオ実験Iなどのプロジェクト科目を通して学んだ知識や技術をもとに、自らの興味対象に関して自らが実験計画を立て、実験を遂行する。その際必要となる情報処理能力や、グループディスカッションを通してのコミュニケーション能力、ポスター作成や発表に必要なプレゼンテーション能力などを習得する。
到達目標	1. 自らの命題を定め、その意義と背景を理解、説明できる。 2. 1. で設定した命題を表現する実験をデザインすることができる。 3. 実際に実験を行い考察、必要に応じて軌道修正、実験を組むことができる。 4. 実験結果をまとめ、第三者にわかりやすく伝えることができる。
履修条件、他科目との関係	
授業形式、形態	実験・討論
成績評価方法と評価基準	実験への取り組み、内容、ポスター発表、要旨をもとに400点満点で評価し、その60%以上で合格とする。

図表18　神奈川工科大学応用バイオ科学部応用バイオ科学科の科目「応用バイオ実験」のシラバス

金沢工業大学　工学部　電気電子工学科（2010年度調査）

- 教育目標＝学生に獲得させるべき能力要素別にカリキュラムが編成されていることはもちろん、それに加えて能力要素が各科目まで落としこまれている。さらに、学生に獲得させるべき能力の比重を「達成度評価」として明示し、成績評価に結びつけている。それらをシラバスに明示して、どの科目を履修すると、どの能力要素を身につけられるか、さらには成績評価における各能力要素の比重も学生にも分かるようになっている（**図表19**）。

第2部　2010～2012年度「大学のアクティブラーニング調査」グッドプラクティス集　167

平成22年度　学習支援計画書

再生紙を使用しています。

授業科目区分	科目名	単位	科目コード	開講時期	履修条件
修学教育基礎教育課程 修学基礎科目 修学基礎	コアガイド（EM） Introduction to Major	1	0005-01	4期（後学期）	修学規定第5条別表第2を参照

担当教員名	研究室	内線電話番号	電子メールID	オフィスアワー
				.

授業科目の学習教育目標

	キーワード	学習教育目標
1	専門領域と専門基礎科目	機械系専門領域に対応した専門コア科目の位置づけや科目フローを理解し、今後取り組む専門領域を決める。また、機械工学では線形代数、微積分学等の応用能力と確率・統計の基礎を含む数学、並びに物理学の基礎に関する自然科学の知識を実践的に習得する必要があることから、ここでは「確立・統計の基礎」を主として取りあげ、講義と演習および小テストを実施し、理解度の自己点検・評価を行う。さらに、これまでに履修した科目の自己点検を行い、プロジェクトデザインⅢをも視野に入れた履修計画と学習計画を立案する。
2	プロジェクトデザインⅢ	
3	専門領域推奨科目	
4	学習・履修計画	
5	確立・統計の基礎	

授業の概要および学習上の助言

1．数理工基礎科目、専門基礎科目の学習に対する総合的自己点検・評価
　これまでに学習した内容の確認と理解度（到達水準）の自己点検・評価を行う。履修した科目の全てについて、学習支援計画書中の授業明細の内容を一つひとつ自分自身で確認し、理解度を自己評価する（ポートフォリオ：修学・キャリア・達成度評価などを利活用）。この結果、理解不足が明らかになった内容を復習するための実行可能な計画を立てる。
2．学習目標の明確化
　本学で学ぶ意義、目的を再確認するとともに、教育課程全体における専門領域の位置付けと今後履修する専門領域推奨科目の概要をカリキュラムガイドブックおよび当該科目の学習支援計画書を通して理解し、自らの学習目標を明確にする。
3．専門領域推奨科目の内容把握
　授業や調査を通して学系・学科内の推奨科目の概要を把握するとともに、志望する専門領域およびプロジェクトデザインⅢ配属希望研究室における各科目の関連を考えるとともに、志望理由をまとめる。
4．履修計画の作成
　志望する専門領域をもとに、今後の学習・履修計画をまとめる。
5．確率・統計の基礎
　機械工学技術者にとって必要不可欠な「確率・統計」に関する基礎を学ぶとともに、正しいデータ分析や取りまとめの方法を修得する。

【教科書および参考書・リザーブドブック】
教科書：指定なし　　参考書：指定なし　　リザーブドブック：指定なし

履修に必要な予備知識や技能

①教員との対話の機会が多いので、十分準備して有意義な時間にすること。②専門領域の内容を知ることは、視野を広めるいい機会であると捉え、積極的に質問をうる機会を広めること。③専門領域が推奨する科目群が設定されている、これらの科目を修得することはもちろんのこと、その他の科目についても自身の将来計画を考慮し計画的に履修することを薦める。④確率・統計の基礎を学ぶにあたって、基礎的な数学問題解析手法を復習しておくこと。

No.	学科教育目標（記号表記）	学生が達成すべき行動目標
①	A, I	現在までの履修科目について「学生の行動目標」の項目ごとに理解度を自己点検・評価し、理解不足項目をあきらかにできる。
②	D, J, M	これまでに履修した専門基礎科目の理解度を確認することができる。
③	A, I	今後における自らの学習目標を明確に説明できる。
④	A, I	専門知識について説明できるとともに、その必要性や広がりについても説明できる。
⑤	A, I	今後の学習・履修計画を作成できる。
⑥	D, J, M	確率・統計の基礎を理解するとともに、データの取りまとめや分析に応用することができる。

達成度評価

評価方法 指標と評価割合		試験	クイズ 小テスト	レポート	成果発表 （口頭・実技）	作品	ポートフォリオ	その他	合計
総合評価割合		0	45	45	0	0	10	0	100
総合力指標	知識を取り込む力	0	15	10	0	0	0	0	25
	思考・推論・創造する力	0	15	10	0	0	0	0	25
	コラボレーションとリーダーシップ	0	0	0	0	0	0	0	0
	発表・表現・伝達する力	0	5	10	0	0	0	0	15
	学修に取り組む姿勢・意欲	0	10	15	0	0	10	0	35

※総合力指標で示す数値内訳は、授業運営上のおおよその目安を示したものです。

金沢工業大学ホームページより http://www.kanazawa-it.ac.jp/syllabus/clip/12010220090005010.pdf

図表19　金沢工業大学工学部電気電子工学科の科目「コアガイド」のシラバス

(3) 文系学科

以下に評価が高かった学科を記す。

系統	大学		学部	学科	評価	調査年度
文・人文・外国語学系	日本女子大学	※	文学部	日本文学科	◎	2012
	同志社大学	※	文学部	国文学科	◎	2011
経済系	大阪市立大学	※	経済学部	経済学科	◎	2011
経営・商学系	産業能率大学		経営学部		◎	2010
教育・教員養成系	島根大学	※	教育学部	学校教育課程 初等教育開発専攻	◎	2012
	愛媛大学	※	教育学部	学校教育教員養成課程	◎	2011

注）◎：進んだ取り組み　※：以下に紹介する学科

日本女子大学　文学部　日本文学科　（2012年度調査）

- 各科目について、ディプロマポリシーでは『知識・理解』『思考・判断』『関心・意欲・態度』『技能・表現』の4項目が設定されている。各科目が、ディプロマポリシーのどの項目に対応するかを落とし込んだ、カリキュラムチェック表を作成し、全員で点検を行っている。

同志社大学　文学部　国文学科　（2011年度調査）

- 「日本文学基礎演習」では、文学研究入門、自発的学習意欲の誘発、課題発見・解決学習への意識転換、個人学習からチーム学習へ、課題提示学習からプロジェクト学習へ、という目標が共通で設定され、それがシラバスレベルに表示されている。具体的には以下の通りである。

「到達目標」として
　　文学研究入門（表現のおもしろさ・研究の楽しさ）
　　自発的学習意欲の誘発（ゼミの学び・議論と対話）
　　個人学習からチーム学習へ（対話と協働）
　　課題提示学習から課題発見・解決学習へ
「習得スキル」として
　　・文献検索　・文章表現力　・文章読解力　・情報リテラシー　・コミュニケーション力　・プレゼンテーション力　・リーダーシップ　・サポーターシップ

大阪市立大学　経済学部　経済学科　（2011年度調査）

- 養成する人材像をプラクティカル・エコノミスト（PE）として定め、形成すべき能力を6つのスキル＋1つのアビリティとして明確化して、それに対応した履修計画やPEポイント制度を設けている。
- 従来の成績の「優」が、社会で通用する能力を表現しているとは全く言えないという問題意識から、次の指標が設けられた。形成すべき能力とは①情報収集能力、②プレゼンテーションスキル、③問題発見・課題把握スキル、④経済学的問題分析スキル、⑤論文執筆スキル、⑥コミュニケーションスキルであり、これらを通して問題解決を複眼的に構想するアビリティを形成する。
- PE累積ポイントが表示され、学生にとって自分には何が足りなくて、何を強化すべきかがレーダーチャートにより分かりやすく示される（**図表20**）。このPE累積ポイントが高い学生と「優」が多い学生とは一致していない。指標とする能力が異なっていることの証左ともいえる。
- また上位10名に対してはエクセレントPE証明書を発行し、学長表彰も行っている。

学籍番号：A08E600
氏　　名：大阪　市郎

平成22年度後期終了時点でのあなたのPE値と各スキルの修得状況は以下の通りです。

	PE 達成度	1stスキル		2ndスキル		3rdスキル		4thスキル		5thスキル		6thスキル	
		修得 ポイント	累積	修得 ポイント	累積	修得 ポイント	累積	修得 ポイント	累積	修得 ポイント	累積	修得 ポイント	累積
1年次前期	7.83	3	3	2.25	2.25	0.75	0.75	0.75	0.75	0.75	0.75	1.5	1.5
1年次後期	14.35	0	3	0	2.25	0	0.75	0	0.75	0	0.75	0	1.5
2年次前期	23.96	1.6	4.6	2.4	4.65	2.4	3.15	0.8	1.55	0.8	1.55	1.6	3.1
2年次後期	36.38	0.75	5.35	0.75	5.4	1.5	4.65	2.25	3.8	2.25	3.8	1.5	4.6
3年次前期	44.92	0	5.35	0	5.4	0	4.65	0	3.8	0	3.8	0	4.6
3年次後期	59.09	1.42	6.77	1.42	6.82	2.13	6.78	0.71	4.51	1.42	5.22	1.42	6.02
4年次前期	65.40	0	6.77	0	6.82	0	6.78	0	4.51	0	5.22	0	6.02
4年次後期	80.07	0.75	7.52	0.75	7.57	0.75	7.53	3	7.51	2.25	7.47	1.5	7.52

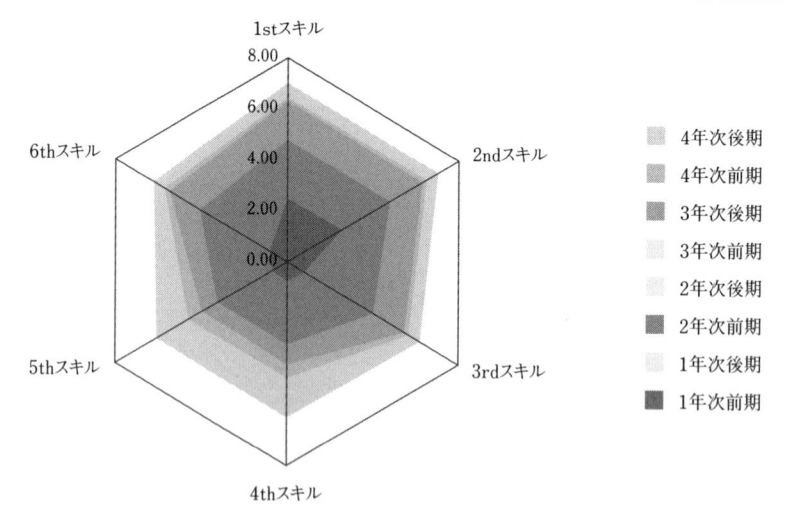

(参考)
平成20年度入学生のPE指標の学年平均は50.2ポイント、目標値51ポイントです。
各学期の6S修得ポイント累積値の学年平均と目標値は以下の通りです。

	PE値		1stスキル		2ndスキル		3rdスキル		4thスキル		5thスキル		6thスキル	
	平均	目標	平均	目標	平均	目標	平均	目標	平均	目標	平均	目標	平均	目標
1年次前期	7.67	7.42	3.23	3.20	2.42	2.40	0.81	0.80	0.81	0.80	0.81	0.80	1.62	1.60
1年次後期	14.12	13.68	3.23	3.20	2.42	2.40	0.81	0.80	0.81	0.80	0.81	0.80	1.62	1.60
2年次前期	23.85	23.04	4.92	4.80	4.96	4.80	3.35	3.20	1.65	1.60	1.65	1.60	3.31	3.20
2年次後期	36.60	35.52	5.73	5.60	5.77	5.60	4.95	4.80	4.06	4.00	4.06	4.00	4.92	4.80
3年次前期	45.20	43.87	5.73	5.60	5.77	5.60	4.95	4.80	4.06	4.00	4.06	4.00	4.92	4.80
3年次後期	61.05	58.55	7.56	7.20	7.60	7.20	7.70	7.20	4.98	4.80	5.90	5.60	6.75	6.40
4年次前期	67.58	64.82	7.56	7.20	7.60	7.20	7.70	7.20	4.98	4.80	5.90	5.60	6.75	6.40
4年次後期	83.69	80.00	8.42	8.00	8.46	8.00	8.56	8.00	8.42	8.00	8.48	8.00	8.47	8.00

図表20　大阪市立大学経済学部のPE成績表

島根大学　教育学部　学校教育課程　初等教育開発専攻　（2012年度調査）
- 各学生の履修カルテとして「プロファイルシートワークブック（以下プロファイルシート）」というツールがある。プロファイルシートには、各専攻・コースごとにカリキュラムポリシーで示す各能力に関連する達成目標と専攻専門科目の対応関係が示されている。これにより、個々の専攻専門科目がどれとどれの達成目標に対応しているのかということが明確化されている。能力は、教育実践力（学校理解、学習者理解、教科基礎知識・技能、授業実践）、対人関係力（リーダーシップ・協力、社会参加、コミュニケーション）、自己深化力（探求力、教師像・倫理、リテラシー）に大別され、これらの個々の能力はさらに具体的な必要能力要素・達成目標に細分化され、各科目との対応関係が図示されている。

愛媛大学　教育学部　学校教育教員養成課程　（2011年度調査）
- 5つのディプロマポリシーを細分化して、各ディプロマポリシーについて8～10の具体的な能力を設定し、それをシラバスに落とし込んでいる（**図表21**）。学生には、それに基づいて自らの成長をチェックさせている。

開講年度	開講学期	開講学部等	
2011	後学期	教育学部	
時間割番号	科目名 [英文名]		単位数
220910	実践省察研究Ⅲ　Reflection on Educational Practice Ⅲ		1
授業科目区分	教職専門科目	対象学生	対象年次	4～

授業の目的

主として次年度に教員となる者を対象として実施する特別講義であり，教育現場の教員からのアドバイスを聞きながら，初任段階で必要とされる資質能力について考え，点検をして，それぞれの学習課題を見つける。

授業の到達目標

教職課程のディプロマ・ポリシーを意識しながら，初任段階の教員に必要な資質能力について理解する。
教壇に立つまでに必要な自らの学習課題を明確にし，学習計画を立てることができる。

ディプロマ・ポリシー（卒業時の到達目標）／共通教育の理念・教育方針に関わる項目

教育に関する確かな知識と，得意とする分野の専門的知識を修得している。（知識・理解）
自己の学習課題を明確にし，理論と実践を結びつけた主体的な学習ができる。（関心・意欲）

授業概要

大学教員からのアドバイスと，教育現場で高度な実践をされている講師の講話を聞き，卒業までの学習課題を明確にする。土，日なども用いながら，集中講義形式で行う予定です。

図表 21　愛媛大学教育学部の科目「実践省察研究Ⅲ」のシラバス

【評価の視点Ⅲ】学生の自律・自立化についての取り組み

Ⅲ－1．振り返りとコミットメント

(1) 概説

　学生の自律・自立化はアクティブラーニングの導入の程度に関わらず、すべての大学の課題である。そのためには教員のコミットメントが重要であることを改めて指摘しておきたい。

　多くの大学でWebにせよ紙にせよ、仕組みとしてのポートフォリオは続々と取り入れられるようになってきた。しかし問題は教員の適切なコミットメントがなければ、多くの場合、「仏作って魂入れず」という比喩の通りに、機能していないという点である。

　例えば、ある大学の経済学部の学生の振り返りシートを見せてもらう機会があった。そこには次のように学生が目標と振り返りを記入していたのである。

　　前期の目標：次のテストで頑張る。
　　前期の振り返り：アルバイトが忙しくてダメだった。
　　後期の目標：次のテストは頑張る。
　　後期の振り返り：やっぱりダメだった。
　　翌年前期の目標：今度こそ頑張る。

　何が問題なのかは歴然としているのではないだろうか。こうしたプロセスに教員が適切なコミットメントを行えば、目標の立て方のどこに問題があり、どのように考えて行くべきかが学生にも分かるはずである。「ダメだった」というのは振り返りにはならないこと、どこがどうダメだったかを考えさせ、具体的に克服することを目標として設定させることを教えることができるはずなのである。

　これは笑いごとではなく、現実に多くの大学で起こっている事実なのである。しかし、規模が小さい学科からは、「いつでも双方向のやり取りはできているから、そのような仕組みは必要ない」という反論があるだろう。もちろん、そ

れで「とりたてて問題なく」学生が育っているというのも事実であるかもしれないが、今日のような大衆化した大学教育においては、その自律・自立化に向かう手法としてのPDCAサイクルの意識化こそ、早期に身につけさせるべきものではないだろうか。上手く行っている大学でも、それが意識的に取り組まれている場合と、そうでない場合とでは、大きなギャップが存在していることを指摘しておきたい。

　そして、この振り返りは、「対課題」「対自己」「対チーム」能力の形成に資するものであり、「高次のアクティブラーニング」の授業内で行われれば、より能力の育成が期待できる。

　しかしながら、総じて言えば、優れた取り組みは全体の中では少数に止まっており、しかも、対チームにおいていかに自分が関われたかなどを省察させる点は、極めて弱かった。

　金沢工業大学、岡山大学工学部機械工学科、立教大学経営学部、産業能率大学経営学部、創価大学経済学部などの取り組みが特に進んでおり、以下に紹介する。

(2) 理系学科

以下に評価が高かった学科を記す。

系統	大学		学部	学科	評価	調査年度
工学系	工学院大学	※	グローバルエンジニアリング学部	機械創造学科	◎	2012
	金沢工業大学	※	工学部	電気電子工学科	◎	2010
	岡山大学	※	工学部	機械工学科	◎	2010

注）◎：進んだ取り組み　※：以下に紹介する学科

工学院大学　グローバルエンジニアリング学部　機械創造工学科

（2012年度調査）

- 年度はじめに学習教育目標に対して前年度の自分の進捗、科目の修得はどうであったかをシートに記入して自己チェックをすることで、振り返りを行っている。

- 課外での活動に関しても、年度始めのガイダンスで、キャリアデザインノートに記入することで振り返りを実施している。そこには、どのような

活動をして、どのような結果であったか、どのような能力を身につけられたかを記入する。

- 「ECP」では、マネジメント能力やコミュニケーション能力などに関して足りなかったこと、身に付いたこと、今後の方針について半期に1度振り返りシートに記入させている。教員はそれを踏まえて面接を実施している。

金沢工業大学　工学部　電気電子工学科　（2010年度調査）

- 同学科独自ではなく金沢工業大学の全学的な仕組みとしてのポートフォリオシステムがある。このポートフォリオシステムは「修学ポートフォリオ」「キャリアポートフォリオ」「自己評価ポートフォリオ」「プロジェクトデザインポートフォリオ」「達成度評価ポートフォリオシステム」の5つで構成されており、それぞれが有機的に組み合わされている。
- 例えば「修学ポートフォリオ」では、毎日「一週間の行動履歴」（①出欠席遅刻、②学習、③課外活動、④健康管理、⑤1週間で満足できたこと、努力したこと、反省点、困ったこと）を記録し学期末に「各期の達成度自己評価」を作成してポートフォリオに入力する。これを修学アドバイザーに提出、修学アドバイザーはコメントをつけて1週間後に返却し、学生はそれにさらにコメントを記入する。30週間繰り返すうちに、学生は生活上何が重要であるかに気付き、自己管理力とタイム・マネジメント力が身についていく。
- そして、4種のポートフォリオを相互に連関させるツールが「達成度評価ポートフォリオシステム」で、4つのポートフォリオの成果をサマリー化し、俯瞰することで1年間の自分の学習を評価し、自己成長の軌跡と修学の自覚・自信・反省などを確認するとともに次年度の目標を設定する。4つのポートフォリオが日常的なPDCAサイクルであるのに対して、「達成度評価ポートフォリオシステム」は年間のPDCAサイクルを回していくシステムとなっている。
- 重要なポイントは、教員が必ず修学ポートフォリオにコメントを記入することである。面談は年に2回、修学アドバイザーによって全員に対して行われる。その際、ポートフォリオなどのコメントが活きてくる。
- こうした結果、「高校時代に比べて自学自習が身についたか」という授業アンケートでは「十分身についた」「やや身についた」が合計で2007年に

は89.9％だった。これは2004年の79.9％と比べると10ポイントも向上している。
- 授業アンケートでの「『行動履歴』や『達成度自己評価』は自分を見つめ直し、自己評価を行うものですが、この作成は有益と考えますか」という問いには、「大変有益」「有益」と回答した比率が92.7％にも達した（2008年度）。

岡山大学　工学部　機械工学科　（2010年度調査）
- 「創成プロジェクト」の中で学生が努力目標を記入し、3回ほど教員とシートを往復させている。
- それ以外にはJABEE準拠のものが能力を単位取得によりみなすものである。

(3) 文系学科

以下に評価が高かった学科を記す。

系統	大学	学部	学科	評価	調査年度
経済学系	創価大学　※	経済学部		◎	2010
経営・商学系	産業能率大学　※	経営学部		◎	2010
	立教大学　※	経営学部		◎	2010
教育・教員養成系	椙山女学園大学　※	教育学部	子ども発達学科	◎	2011
	島根大学　※	教育学部	学校教育課程 初等教育開発専攻	◎	2012
	愛媛大学　※	教育学部	学校教育教員養成課程	◎	2011

注）◎：進んだ取り組み　※：以下に紹介する学科

創価大学　経済学部　（2010年度調査）
- 経済学部では1年前期の「基礎演習」において、授業の初期段階で「4年間計画表」「セメスター目標」「1週間リズム」という3種類のポートフォリオを記入させている。「4年間計画表」には、各学年でやるべきこと・やりたいこと、「セメスター目標」には1年前期のセメスター目標を記入させる。「1週間リズム」には、1週間の各曜日をどのように過ごすのかを時間ベースで計画として記入させ、それ以降はWeb上のポートフォリオに毎週入力するよう指導している。Webポートフォリオは、1年次の間は「基礎演

習」の各ゼミのSAと担当教員がチェックする。同学部では教員によるサポートよりもSAによるサポートの方が、より1年生の目線に近いので適切なアドバイスができるという考えに基づき、特にSAが毎週担当ゼミの1年生のポートフォリオを毎週チェックしてコメントを付す。
- このWebポートフォリオは、1年次だけの取り組みである。

産業能率大学　経営学部　(2010年度調査)
- 振り返りシートが2010年度から導入された。ディプロマポリシーに沿って自己評価し、アカデミックアドバイザー教員からのコメントが必須とされた書式がある。
- これ以外に「キャンパスマナー気づきノート」があり、マナーに特化した振り返りシートである。

立教大学　経営学部　(2010年度調査)
- 同学部では、「ビジネス・リーダーシップ・プログラム(BLP)」の中で、学生同士の相互フィードバックを織り込みながら、チームワークとリーダーシップについて学生に振り返りと目標設定を行わせている。具体的には、2～3週間をかけて、学生同士が相互フィードバックを行う。セメスターの終わりに全員が相手となる学生のポジティブ面で3点、ネガティブ面で3点を記入して伝える。それを受けた学生は翌週、自己の次の目標・課題を設定する。そしてリーダーシップ持論を書き、①積極性、②他人への配慮、③成果達成力、に沿って自分がどう考えているのか、何を目指すのかを明確にして、それをWeb上にアップする。試験的に1人30分かけてのインタビューも行われている。
- 特にプロジェクト系の授業であるBL0・BL2・BL4はこの相互フィードバックと目標設定を重点的に行っている。フィードバックのタイミングで、自身が持つ持論についての客観的な意見が教員から指摘される。次期の自己達成目標設定に関しては教員のコメントが推奨されている。
- EAP(イングリッシュ・フォー・アカデミック・パーパス)でもBLPと同様に行っている。また専門ゼミでも産学連携による取り組みを行っているゼミでは、BLPフォーマットでの振り返りを行っているところもある。

椙山女学園大学　教育学部　子ども発達学科　（2011年度調査）

- 大学全体のポートフォリオシステム「サクセス」を使っている。
- 学修・生活指導教員が一人当たり1学年10人の学生を担当する。1年～3年まで同じ教員で年2回面談。「履修カルテ」があり半期の学修・生活上の反省を学生が書き、学修・生活指導教員がコメントを書く。
- 1年前期必修科目の「人間論」の中で「わたしのノート」を作り、ボランティア活動や実習などを「楽しかった」で終わらせないために疑問点を書かせ、その解答を見出していく。

島根大学　教育学部　学校教育課程　初等教育開発専攻　（2012年度調査）

- 学生は、各年次の終わりに、プロファイルシートに達成目標ごとの自己評価を5段階で書き込むとともに、これをWeb上でも入力する。Web上ではこの自己評価がレーダーチャートで示され、これを受けて各学生の担当教員は約500字でコメントを記入する。これをもとに担当教員は面談を実施して各学生を指導する。なお、担当教員は1～2年次の間は学生4人に対して教員1人がチューターという形で担当し、3～4年次の間はゼミの指導教員が担当教員となる。
- プロファイルシートは、教育学部のFD戦略センターで開発されたツールである。「教育の質保証とは？」「教育学部では何を教えるべきか？」ということを明確に定義し、学ぶべき事項がどの授業で教えられているのかということを可視化しようということから開発された。これにより、学生は、教育学部で教えられていることのうち、自分はどれだけ学んだかということを経年で把握できるようになった。また、教員も自分の担当している授業で、学生に何を教えるべきなのかということを明確に知ることができるようになった。換言すれば、プロファイルシートは、学生と教員の両者の成長を促すツールとして機能している。
- 各実習科目では、それぞれ振り返りが取り入れられている。例えば、3年次前期の必修科目「授業実践研究」の模擬授業では、それを行った学生は授業者の立場から、それを受けた学生は児童の立場から、それぞれその模擬授業を評価し、Web上の評価シートに入力する。模擬授業を行った学生は、その評価を受けて改善策をレポートにまとめて提出する。また、蓄

積されたポートフォリオは、振り返りツールとして活用させている。この授業での成績評価は、模擬授業をうまくできたかどうかということよりも、このポートフォリオの内容とそれを通してどう授業を改善させたかということを重視している。

愛媛大学　教育学部　学校教育教員養成課程　（2011年度調査）
- 「リフレクション・デイ」は単位のある科目ではないが、すべての経験を総括して自己評価しつつ、ディプロマポリシーを踏まえて学習計画を立てる。年に1日をとって、年度末に行う。学校現場の教員の実践講話があり、それを受けて学生がディスカッションし、ポートフォリオを参考にしながら自己評価を行ってレポート提出する。それを大学の教員がチェックした上でアドバイスを行う仕組みである。

あとがき

　本書のベースとなった「2012年度大学のアクティブラーニング調査」は、2012年11月に質問紙を発送し、全国の大学の学部・学科に回答を依頼しました。いただいた962学科の回答をプロジェクト内で精査し、2013年4〜6月にかけて、進んだ取り組みを行っている26の学科に赴いて、詳しくお話を伺いました。そして、質問紙調査の分析と実地調査の成果のご報告として、「教員の協働を促すアクティブラーニング　学びの質保証をいかに実現するか〜2012年度大学のアクティブラーニング調査報告とカリキュラム設計の課題〜」と題して2013年10月12日に河合塾麹町校にてセミナーを開催いたしました。対象は、アクティブラーニングの導入が比較的遅れがちな人文・社会科学系の学部・学科に焦点を絞ったのですが、82名の大学関係者の方々にご参加いただけました。

　セミナーでは、報告者からのワンウェイの提言だけではなく、まさしく参加者全員がアクティブに「『学び』の質を保証するため、教員の協働をいかに促すか」をテーマにワークショップを行いました。具体的には、参加者の立場により、Aグループ2チーム、Bグループ6チーム、Cグループ2チームに分かれます。Aグループはリーダーとして組織を運営しなければならない方々（例：副学長や学部長・学科長等）、Bグループは実際にアクティブラーニング科目を担当している先生方、Cグループは大学職員あるいは外部機関の立場でアクティブラーニングを支援・サポートしている方々です。約50分という短い時間の中で、教員が協働をする上での課題とその解決策をまとめ、最後に各グループによる成果発表をしていただきました。

　Aグループからは、まず、個人や小グループで積極的にアクティブラーニングに取り組む教員を、組織的にバックアップし、徐々に学科全体、学部全体、

さらに学内全体に広げていき、教員全員の研修システムを充実していく、ということが提案されました。また、教員間の意思疎通が重要であるという結論から、それを手助けするツールとして、ガイドラインの作成・共有や、ICT (Information and Communication Technology) を有効活用することが挙げられました。

　Bグループからの発表は、法学部のチームです。法学部では、大教室で大人数の学生を対象とした講義が一般的であり、アクティブラーニングを実施するには教員数が圧倒的に足りない（1つの講義を約500名の学生が受講している）、また、一方的な授業が主であるため、アクティブラーニング科目は大学から特別扱いをされ、負担が重そうなので学生も集まらない、という状況にあります。そういった中での解決策として、多くの講義を担当している非常勤講師との意思疎通を図るため、半年ないしは1年に一度でも会合を持ち意識や問題点を共有すること、また、専任教員間でも議論が必要であるが、ただの話し合いでは議論が平行線のままであるため、ティーチングポートフォリオやカリキュラムマップ等を具体的に示すことで、理解し合い、共通点を見出せば、そこから協働につながる、といったことが提案されました。さらに、外部の力を利用することで、大学内部の改革が否応なしに進められる、という解決策も提案されました。

　Cグループからは、教員の協働を促すにはまず職員自身がコーディネーターとしての意識を持つこと、学生から教員へ改善要望を直接訴えかけてもらうこと、教員にアクティブラーニングを取り入れたいと思わせるような仕掛けをつくること（例：授業見学に行ってもらう、教員の授業コンペを行う、教員対象の相談室を設ける等）、などの解決策が挙げられました。

　各チームとも、課題の洗い出しの段階では、学内の様々な障壁について語り合い、共感し合うような雰囲気でしたが、議論が進むにつれ、次第に解決の糸口を見つけ、建設的な意見が出始めてからは、一気に気運が高まり、会場が一層賑やかになったのが印象的でした。立場を同じくする者同士で議論することにより、「今からでも取り組むことができる」という自信と、実現へのヒントを得ていただいたようです。ともすると、Aグループのような組織のリーダーとしての立場では「がんばっても部下が思うようについてきてくれない」、Bグループのような現場の教員では「やりたくても上層部が理解してくれない」

というような結論に終始しがちですが、それぞれの立場を越えて質の高い「学び」を実現できる対策が議論されたのは収穫が大きかったのではないでしょうか。

実際、セミナーにご参加いただいた方々のアンケートからは、

「改めてアクティブラーニングの必要性・教育方法・内容の進化について考える機会となった」

「普段、課題に感じていることに対して、ピンポイントでヒントをいただけたと感じています」

「科目でのアクティブラーニング化を発端に全学科的に広がりを見せるというご発言に勇気をもらいました」

「多くの大学が教育力、今日は特にアクティブラーニングを使って、どのように学生を成長させるかに悩んでいることか、あらためて理解できた。現在、本学部でもアクティブラーニングをどのように教育の中につくり込んでいくかを考えている最中なので参考になりました」

などの声が聞かれました。メンバー一同、当調査やセミナー開催の意義を実感しています。そして、身が引き締まるとともに、志を同じくする大学の先生方、職員の方々のために、より一層調査に注力してまいりたいという思いを強くしました。

本書は、3年間の「大学のアクティブラーニング調査」の集大成と位置づけ、過去の2冊のアクティブラーニング関連書籍『アクティブラーニングでなぜ学生が成長するのか』(2011、東信堂)、『「深い学び」につながるアクティブラーニング』(2013、東信堂)の内容に新たな視点を加えたほか、3年間の調査から抽出した大学のグッドプラクティス事例をまとめて掲載しました。本書が「学び」の質保証を目指して日々アクティブラーニングの導入や豊富化に取り組まれている関係者の皆様への参考書籍として長く活用されることを願っています。そして、高等学校の関係者や企業の採用ご担当の方々にとっても大学の教育力を見る確かな尺度としてご活用いただけたら幸いに存じます。

謝　辞

　2012年度の質問紙調査では、前述のとおり962もの学科から回答をいただくことができました。お忙しい時期にもかかわらず真摯にご回答いただけたことに、この場をお借りして深く感謝いたします。そして、質問紙調査後の実地調査にご対応くださった26学科の関係者の方々にも心より御礼申し上げます。

　また、2013年10月実施のセミナーにおいて、自学科の事例をご報告くださった伊澤俊泰先生（名古屋学院大学）、河村律子先生（立命館大学）、日向野幹也先生（立教大学）には、本書の編集の過程においても格別なご協力をいただきました。さらに、セミナーでのワークショップにおいて、ファシリテーターとしてチームの議論をサポートしてくださった各務宇春さん（立命館大学）、中村博幸先生（京都文教大学）、成瀬尚志先生（長崎外国語大学）、林巧樹さん（産業能率大学）、山本啓一先生（九州国際大学）にも心より御礼申し上げます。

　最後に、本書の出版を快諾してくださった東信堂の下田勝司社長、膨大な編集作業を担当していただいた同社の向井智央氏と併せて、ここに記して御礼申し上げます。

2014年5月吉日　河合塾

執筆者紹介

日向野 幹也（ひがの・みきなり）
立教大学　経営学部教授　BLP主査・リーダーシップ研究所長
　東京大学経済学部卒業、同大学院博士課程修了、経済学博士。東京都立大学経済学部教授を経て2005年より立教大学教授。2006年経営学部開設時から経営学部のコアプログラムBLP主査。2013年より全学の立教GLP主査。BLP創業以来の奮闘史とリーダーシップ教育の意義を新著『大学教育アントレプレナーシップ』（ナカニシヤ出版、2013年7月）で解説。

伊澤 俊泰（いざわ・としやす）
名古屋学院大学　経済学部教授　学部長
　一橋大学大学院経済学研究科後期博士課程単位取得退学後、1995年名古屋学院大学経済学部に専任講師として着任、2008年より経済学部教授（専攻は国際経済学）。この間2002年9月〜2003年8月までシェフィールド大学（英国）東アジア研究学部客員教授を務める。2010年より経済学部長に就任し、経済学部カリキュラム改革に従事する

河村 律子（かわむら・りつこ）
立命館大学　国際関係学部准教授　元副学部長
　京都大学大学院農学研究科修了。2011・12年度立命館大学国際関係学部副学部長（教学担当）として新カリキュラムの実施に携わる。2002年度よりグローバル・シミュレーション・ゲーミング（GSG）を担当し、学生スタッフとともにGSGの充実を図ってきた。専門領域である農村活性化の実践をゼミ学生とともに行っている。

◆河合塾大学教育力調査プロジェクトメンバー (五十音順)
赤塚　和繁 (あかつか・かずしげ)
　　河合塾　教育研究開発本部　教育研究部所属

髙井　靖雄 (たかい・やすお)
　　河合塾　教育研究開発本部　教育研究部　統括チーフ

谷口　哲也 (たにぐち・てつや)
　　河合塾　教育研究開発本部　教育研究部　部長

友野伸一郎 (ともの・しんいちろう)
　　教育ジャーナリスト

中條恵理奈 (なかじょう・えりな)
　　河合塾　教育研究開発本部　教育研究部所属

野吾　教行 (やご・のりゆき)
　　河合塾　教育研究開発本部　教育研究部所属

「学び」の質を保証するアクティブラーニング──3年間の全国大学調査から
2014年5月31日　初　版第1刷発行　　　　　　　　〔検印省略〕
定価はカバーに表示してあります。

編著者 ⓒ河合塾　発行者 下田勝司　　　　印刷・製本／中央精版印刷株式会社

東京都文京区向丘1-20-6　　郵便振替 00110-6-37828　　　　　　　発　行　所
〒113-0023　TEL (03) 3818-5521　FAX (03) 3818-5514　　　　株式会社 東信堂
Published by TOSHINDO PUBLISHING CO., LTD.
1-20-6, Mukougaoka, Bunkyo-ku, Tokyo, 113-0023, Japan
E-mail: tk203444@fsinet.or.jp　http://www.toshindo-pub.com

ISBN978-4-7989-1233-2 C3037　　Copyright ⓒ Kawaijuku

東信堂

大学の自己変革とオートノミー —点検から創造へ—	寺﨑昌男	二五〇〇円
大学教育の創造—歴史・システム・カリキュラム	寺﨑昌男	二八〇〇円
大学教育の可能性—教養教育・評価・実践	寺﨑昌男	二五〇〇円
大学は歴史の思想で変わる—FD・評価・私学	寺﨑昌男	二八〇〇円
大学改革 その先を読む	寺﨑昌男	一三〇〇円
大学自らの総合力—理念とFDそしてSD	寺﨑昌男	二〇〇〇円
英語の一貫教育へ向けて	立教学院英語教育研究会編	二八〇〇円
高等教育質保証の国際比較	杉本和弘・羽田貴史・米澤彰純編	三六〇〇円
大学教育の臨床的研究	田中毎実編	二八〇〇円
臨床的人間形成論の構築—臨床的人間形成論第2部	田中毎実	二八〇〇円
主体的学び 創刊号	主体的学び研究所編	一八〇〇円
「主体的学び」につなげる評価と学習方法—カナダで実践される―CEモデル	土持ゲーリー法一 訳	二五〇〇円
ポートフォリオが日本の大学を変える—ティーチング/ラーニング/アカデミック・ポートフォリオの活用	土持ゲーリー法一	二〇〇〇円
ティーチング・ポートフォリオ—授業改善の秘訣	土持ゲーリー法一	二五〇〇円
ラーニング・ポートフォリオ—学習改善の秘訣	土持ゲーリー法一	二八〇〇円
学生支援に求められる条件—学生支援GPの実践と新しい学びのかたち	大島真夫・清野雄多・浜島幸司	三二〇〇円
学士課程教育の質保証へむけて—学生調査と初年次教育からみえてきたもの	山田礼子	三六〇〇円
大学教育を科学する—学生の教育評価の国際比較	山田礼子編	二〇〇〇円
大学生の学習ダイナミクス—授業内外のラーニング・ブリッジング	河井亨	四五〇〇円
「学び」の質を保証するアクティブラーニング—3年間の全国大学調査から	河合塾編著	二八〇〇円
「深い学び」につながるアクティブラーニング—全国大学の学科調査報告とカリキュラム設計の課題	河合塾編著	二八〇〇円
アクティブラーニングでなぜ学生が成長するのか—経済系・工学系の全国大学調査からみえてきたこと	河合塾編著	二八〇〇円
初年次教育でなぜ学生が成長するのか—全国大学調査からみえてきたこと	河合塾編著	二八〇〇円

〒113-0023 東京都文京区向丘1-20-6 TEL 03-3818-5521 FAX 03-3818-5514 振替 00110-6-37828
Email tk203444@fsinet.or.jp URL:http://www.toshindo-pub.com/

※定価：表示価格（本体）＋税